整本书阅读与研讨

实践探索与学理思考

许艳 编著

图书在版编目（CIP）数据

整本书阅读与研讨：实践探索与学理思考 / 许艳编著 . -- 北京：华文出版社，2019.7（2025.1重印）
ISBN 978-7-5075-5149-5

Ⅰ . ① 整… Ⅱ . ① 许… Ⅲ . ① 阅读课 - 教学研究 - 中学Ⅳ . ①G633.332

中国版本图书馆 CIP 数据核字 (2019) 第 141190 号

整本书阅读与研讨：实践探索与学理思考
ZHENG BEN SHU YUEDU YU YANTAO：SHIJIAN TANSUO YU XUELI SIKAO

编　　者： 许　艳
责任编辑： 刘超平
出版发行： 华文出版社
社　　址： 北京市西城区广外大街 305 号 8 区 2 号楼
邮政编码： 100055
网　　址： http://www.hwcbs.cn
电　　话： 总编室 010-58336239　责任编辑 010-58336222
发行部 010-58336270
经　　销： 新华书店
印　　刷： 三河市天润建兴印务有限公司
开　　本： 710mm × 1000mm　1/16
印　　张： 12.5
字　　数： 135 千字
版　　次： 2019 年 7 月第 1 版
印　　次： 2025 年 1 月第 2 次印刷
标准书号： ISBN 978-7-5075-5149-5
定　　价： 49.80 元

自　序

2015年底，我开始承担北京教育学院“整本书阅读学程开发与实施”教师培训项目。在培训需求调研阶段，一线语文教师一方面谈到诸多实施整本书阅读的困难，如学生阅读时间少、学生阅读兴趣淡、学生阅读理解浅、教师不知如何指导等；另一方面又一致认同整本书阅读对于提升学生语文学科核心素养的价值。其时，北京市教委发布《北京市中小学语文学科教学改进意见》将近一年。文件共二十一条，第十二条、第十三条、第十九条均涉及“整本书阅读”，提出“小学阶段每天安排一定时间组织学生独立阅读，着力培养阅读习惯”、“5—6年级推荐并配备中、长篇文章及适宜的多体裁文学名著”、“初中每学年阅读3部以上经典文学名著”、“高中每学年阅读5部以上文学名著及其他读物”以及“教师要注重阅读方式和方法的指导，引导学生提升阅读品位，增加文化积淀，丰富精神世界”、“支持设立学生读书俱乐部”等具体要求。早在此前，2001年《全日制义务教育语文课程标准（实验稿）》与《义务教育语文课程标准（2011年版）》已经倡导“少做题，多读书，好读书，读好书，读整本的书”，但是教师在一线教学中并未对之进行深入贯彻落实。调研中我们总结出关于“整本书阅读”的两个“落差”，第一个是教师教学认识与教学行为之间的落差，第二个是课程文件要求与学校实施现状之间的落差。

2015年底至2018年底，“整本书阅读学程开发与实施”教师培训项目整整开展三年了。我坚持每周去项目学校一天，与语文教研组共同设计、实施、改进整本书阅读教学。第一年，我基本把两个“落差”归结为教师教学行为层面的问题。第二年，当我们逐步解决了面对一本书不知如何指导的问题以后，我们才发现这只是解决了局部问题。仔细分析便可知，学生阅读时间问题、学生阅读兴趣问题、学生阅读习惯问题不是通过师生共读几本书就能够马上解决的，整本书阅读是需要学科、学校、家庭甚至全社会共同参与的系统工程。学生一天只有二十四小时，“少做题，多读书”还是“多做题，少读书”，这是一个复杂的价值选择。课程改革涉及学校、教师、学生、家长以及全体社会成员在知识、经验、观念、情感、态度和价值观上的深刻冲突与不断适应。因此，第一个“落差”解决以后，我们发现第二个“落差”更难解决，甚至还有与此密切相关的第三个“落差”——我国公民阅读现状与国家战略要求之间的落差。

三年间，有三件事情给“整本书阅读学程开发与实施”教师培训项目带来重要影响。2016年初，北京教育学院吴欣歆教授带领我整理了一批整本书阅读教学案例，这些案例是在前几年教师培训工作中慢慢积累的。整理一个案例需要与一线教师讨论七八稿，修改过程中我不断思考整本书阅读教学实践层面的问题。最后，我们精选了十一个案例结集为《书册阅读教学现场》一书，由教育科学出版社于2016年10月出版。成书过程为“整本书阅读学程开发与实施”培训项目打下了坚实基础。2018年初，《普通高中语文课程标准（2017年版）》颁布，提出“整本书阅读与研讨”任务群，明确了课内教学时间与要求。“整本书阅读与研讨”任务群贯串必修、选择性必修与选修三个阶段，在必修阶段安排 1 学分，18 课时，要求学生完成一部长篇小说和一部学术著作的阅读，重在引导学生建构整本书的阅读经验与方法；在选择性必修和选修阶段要求学生运用这些经验与方法阅读相关作品，不专门安排学分。“整本书阅读与研讨”学习任务群的提出对培训项目开展有了更大的推动。此外，三年间我倾听了丰富多彩的观点，它们促使我不断思考整本书阅读教学的相关问题。有教师谈及不愿意在整本书阅读课内指导上用力太猛，更期待学生能享受阅读的快乐，能真正把阅读当作自己的生活方式；有教师指出语文课程课时有限，不赞成课内指导整本书阅读；有教师感叹在高中阶段指导没有阅读习惯的学生阅读几本名著，简直像在水泥地上种花；也有教师认为在中、高考中整本书阅读所占分值有限，花费大量时间来指导学生阅读整本书并不划算……这些观点看似是对整本书阅读的质疑，其实不然。第一种看法认同整本书阅读的价值，但是认为整本书阅读的本体价值在于“成为生活方式”，而非通过整本书阅读发展学生的阅读策略或思维能力，这是极具思考价值的问题。至于课内指导整本书阅读是否阻碍“阅读成为生活方式”，则有待商榷。第二种看法也未否认整本书阅读的价值，但是认为教学实施层面的最大阻碍不是语文教师会不会指导，而是语文课程的结构性问题；如果不进行课时等方面的整体调整，整本书阅读在实践层面难以落实。这也是高屋建瓴的看法。第三种看法主要强调在高中阶段才重视整本书阅读为时已晚，应该更早开始推行。这要求各个学段对整本书阅读进行系统安排。第四种看法其实也未否认阅读整本书的价值，只是认为如果以考试取得高分而非学生真实发展为根本目的进行教学，阅读整本书太过耗时，不适合短期应急。这些讨论的不同立场与观点带给我各种思考。一方面，我意识到“整本书阅读与研讨”话题之下存在许多具体问题需要深入思考、系统解决。另一方面，我发现许多争论源于思考的层面不同、角度不同、范围不同。于是，在开展“整本书阅读学程开发与实施”教师培训项目的同时，我开始零零散散地思考“整本书阅读与研讨”的相关问题。这些思考未必尽善尽美，但都有助于我更好地完成教师培训工作。

2018 年底，“整本书阅读学程开发与实施”教师培训项目顺利结束。除了项目学校语文教师收获了一系列专业发展成果，教师培训者也应当及时进行总结，以迎接新一轮教师培训工作。在梳理过程中我常常从不同角度去回想三个“落差”。的确，“整本书阅读与研讨”实施的最大问题不仅在于语文教师会不会指导学生阅读整本书，而且在于语文课程的结构性调整、全学段的整体规划以及全社会对于阅读价值的理解与共识如何。有些问题可以在课堂之中或教育领域集中解决，有些困境则需要寄希望于未来更长时间与更大范围的努力。但是，这不妨碍我们对理想状态的憧憬与描述。

2019 年夏天，我将开始承担新一轮“整本书阅读学程开发与实施”教师培训项目，新的教师培训项目扎根在北京市郊的“回天地区”。“回天地区”是北京市最大的居住区，这意味着有更多家庭等待着优质的教育资源，也赋予我个人微不足道的教师培训工作既现实又深远的意义。一个阶段的实践与思考，只是一个逗号；我期待在新的教师培训工作中，能有更多的新发现与新收获。

许　艳
2019 年 4 月于北京教育学院

目　录

绪　论

语文教育研究者都熟悉 1978 年 3 月 16 日《人民日报》第 3 版中吕叔湘发表的《当前语文教学中两个迫切问题》一文。“两个迫切问题”第一个是中小学语文教学问题，第二个是高等院校的公共外语问题。文中指出：“中小学语文教学问题是个老问题，也是当前不容忽视的一个严重问题。中小学语文教学效果很差，中学毕业生语文水平低，大家都知道，但是对于少、慢、差、费的严重程度，恐怕还认识不足。中小学语文课所用教学时间在各门课程中历来居首位。新近公布的《全日制十年制中小学教学计划试行草案》规定，十年上课总时数是 9160 课时，语文是 2749 课时，恰好是 30%。十年的时间，2700 多课时，用来学本国语文，却是大多数不过关，岂非咄咄怪事！语文是工具，语文水平低，影响别的学科的学习，有的数学老师、物理老师诉苦，说是得兼做语文老师。少数语文水平较好的学生，你要问他的经验，异口同声说是得益于课外看书。”这段文字包括几层含义：中小学语文教学效果差；中小学语文教学效率低；语文课程是学好其他课程的基础；课外阅读对提高语文学习效果有益。最后，吕叔湘发问：“是不是应该研究研究如何提高语文教学的效率，用较少的时间取得较好的成绩？”[①]四十余年来，语文教育者尝试从不同角度寻求答案，包括课程性质的争论、课程理念的更新、课程结构的调整、语文教材的修订、教学过程的优化、教学方式的变革、评价考试的改革、教师队伍的培训……“整本书阅读与研讨”的实践探索与学理思考，同样是为了寻找这一问题的答案，改变语文课程少、慢、差、费的状况，提高中小学语文教学的效果与效率。

第一节 问题缘起

21 世纪是以知识创新和应用为重要特征的知识经济时代。科学技术迅猛发展，国际竞争日趋激烈，社会的信息化、经济的全球化使创新精神与实践能力成为影响整个民族生存状况的基本因素。世纪之交，全世界主要发达国家都非常关注以基础教育课程改革为核心的教育变革。1999 年，我国召开的第三次全国教育工作会议和国务院批转的教育部《面向 21 世纪教育振兴行动计划》都提出了改革现行基础教育课程体系、研制和构建面向新世纪的基础教育课程教材体系的任务，新一轮基础教育课程改革启动。

“整本书阅读”是新世纪语文课程改革的重要内容之一。2001 年，《全日制义务教育语文课程标准（实验稿）》颁布，“课程目标”部分规定义务教育阶段学生“九年课外阅读总量应在 400 万字以上”。各学段具体目标分别要求第一学段（1—2 年级）“课外阅读总量不少

① 吕叔湘：《当前语文教学中两个迫切问题》，原载《人民日报》1978 年 3 月 16 日第 3 版，有修订。

于 5 万字”“喜爱图书，爱护图书”；第二学段（3—4 年级）“养成读书看报的习惯，收藏并与同学交流图书资料。课外阅读总量不少于 40 万字”；第三学段（5—6 年级）“利用图书馆、网络等信息渠道尝试进行探究性阅读。扩展自己的阅读面，课外阅读总量不少于 100 万字”；第四学段（7—9 年级）“学会制订自己的阅读计划，广泛阅读各种类型的读物，课外阅读总量不少于 260 万字，每学年阅读两三部名著”。“教学建议”部分要求“培养学生广泛的阅读兴趣，扩大阅读面，增加阅读量，提倡少做题，多读书，好读书，读好书，读整本的书。鼓励学生自主选择阅读材料”。“评价建议”部分没有具体涉及课外阅读的内容。“课外阅读”读什么书？“附录”部分“关于课外读物的建议”采用举例方式罗列推荐书目。

2003 年，《普通高中语文课程标准（实验）》颁布。普通高中教育是与九年义务教育衔接的基础教育。关于“整本书阅读”，“课程目标”中提及必修课程要求学生“具有广泛的阅读兴趣，努力扩大阅读视野。学会正确、自主地选择阅读材料，读好书，读整本书，丰富自己的精神世界，提高文化品位。课外自读文学名著（五部以上）及其他读物，总量不少于 150 万字”。选修课程包括诗歌与散文、小说与戏剧、新闻与传记、语言文字应用、文化论著研读五个系列，尽管没有整本书阅读相关要求，文化论著研读等选修课程必然涉及整本书阅读。“教学建议”部分谈及“课外阅读活动是阅读教学的重要组成部分。应根据不同学生的具体情况，适时推荐文化品位高、难易程度适当的课外读物。鼓励学生开展多种活动，如写书评、读后感，举办读书报告会、作品讨论会等，分享阅读乐趣，交流阅读成果，共同提高阅读能力”。“附录”部分包含“关于课外读物的建议”，仍以举例方式列出推荐书目。

2011 年 12 月 28 日，教育部印发了义务教育阶段语文等 19 个学科的课程标准（2011 年版）。经历了十年课程改革实践，义务教育各学科课程标准（实验稿）存在需要进一步完善之处。修订工作在认真总结十年课程改革实践的基础上进行修改完善。《义务教育语文课程标准（2011 年版）》“课程目标”部分关于课外阅读的要求，除了个别词句，没有大的调整，“九年课外阅读总量仍为 400 万字以上”。“教学建议”部分增加内容主要为“加强对课外阅读的指导，开展各种课外阅读活动，创造展示与交流的机会，营造人人爱读书的良好氛围”。尤其需要关注的是“评价建议”部分，增加了“要重视学生课外阅读的评价。应根据各学段的要求，通过小组和班级交流、学习成果展示等方式，了解学生的阅读量和阅读面，进而考察其阅读的兴趣、习惯、品位、方法和能力”。随后，全国各地中、高考对整本书阅读评价有所重视，一些地区中、高考语文试卷中增加或加重了名著阅读的相关内容。“附录”部分“关于课外读物的建议”稍有调整，增加了中华民族优秀传统文化与革命文化的相关书目，如《红岩》等。

历时 4 年修订，《普通高中语文课程标准（2017 年版）》于 2018 年初颁布。《普通高中语文课程标准（2017 年版）》在“课程结构”中提出“普通高中语文课程由必修、选择性必修、选修三类课程构成，三类课程分别安排 7—9 个学习任务群”。“整本书阅读与研讨”作为任务群之一，贯串三类课程。“课程内容”部分包括“学习任务群”与“学习要求”两大类内容。“学习任务群”提出整本书阅读与研讨“旨在引导学生通过阅读整本书，拓展阅读视野，建构阅读整本书的经验，形成适合自己的读书方法，提升阅读鉴赏能力，养成良好的阅读习惯，促进学生对中华优秀传统文化、革命文化、社会主义先进文化的深入学习和思考，形成正确的世界观、人生观和价值观”，“在必修阶段安排 1 学分，18 课时。应完成一部长篇小说和一部学术著作的阅读，重在引导学生建构整本书的阅读经验与方法”，“在选择性必修和选修阶段要运用这些经验与方法阅读相关作品，不专门安排学分”。“学习要求”提出“培养广泛的阅读兴趣，努力扩大阅读视野。学会正确、自主地选择阅读材料，读好书，读整本书，多媒介获取信息，提高文化品位，提高阅读与表达能力。必修阶段各类文本的阅读量不低于 150 万字”。“评价建议”提示“‘整本书阅读与研讨’‘当代文化参与’‘跨媒介阅读与交流’‘语言积累、梳理与探究’四个学习任务群，它们贯串必修课程和选修课程，在两类课程中有不同的广度、深度和难度”。“附录”中原来“关于课外读物的建议”调整为“关于课内外读物的建议”，内容可作为学习任务群的备选，也可以推荐学生在课外阅读。

上述四份语文课程标准中，2001 年、2003 年语文课程标准明确要求“读整本书”，详细规定从小学至高中各个学段课外应该完成的阅读量目标；2011 年版语文课程标准有新的调整，在 2001 年、2003 年基础上增加了“加强指导”与“重视评价”的要求；2017 年版语文课程标准明确了“整本书阅读与研讨”的课时安排，必修阶段要求 18 课时完成一部长篇小说与一部学术著作的阅读。跨度将近 20 年，四份语文课程标准从提出课外阅读量目标，到加强指导与重视评价，再到明确课时安排。“整本书阅读与研讨”逐步获得课堂教学地位，成为语文课程改革的重要内容之一。同时，明确课时安排并不意味着所有学习过程均在课内教学时间完成。“整本书阅读与研讨”任务群“教学提示”部分要求，“阅读整本书，应以学生利用课内外时间自主阅读、撰写笔记、交流讨论为主，不以教师的讲解代替或限制学生的阅读与思考”，“附录”部分也相应调整为“关于课内外读物的建议”。“整本书”一度因为字数多、篇幅长，被认为不适合在课内阅读学习。实践探索证明，对整本书阅读完全可以进行课内指导。当然，如果仍以教师讲解分析来代替学生阅读实践，把整本书拆成单篇短章一篇篇来讲授，便仍然无法实现课内指导。语文课程标准具体要求的变化，隐含着语文教育界对“整本书阅读与研讨”在理念与实践方面的新认识。

“整本书阅读”的课程计划与教学实施存在差距。与语文课程标准表述越来越重视“整本书阅读”不同，“整本书阅读”在教学实施中形成了三种分化。美国课程研究者古德莱德（J. I. Goodlad）区分了课程的五个层次，认为不同层次课程的含义不同，课程层次包括：①观念层次的课程（ideological curriculum），指尚处于观念之中的课程，由研究机构、学术团体和课程专家所倡导，一旦被官方采用将产生实际影响。②社会层次的课程（societal curriculum），指由教育行政部门规定课程计划、课程标准和教材，列入学校课程表中的课程。③学校层次的课程（institutional curriculum），指学校有关人员根据学校的特色和需要对社会层次的课程进行选择和修改，由此形成学校层次的课程。④教学层次的课程（instructional curriculum），指教师规划并在课堂上实际实施的课程，教学层次的课程体现了教师对课程的理解，也体现了教师在课堂上对课程的实际运作，是“理解的课程”与“运作的课程”的统一。⑤体验层次的课程（experiential curriculum），指学生实际体验的课程。尽管经历了同样的课程学习，但不同学生会获得不同的学习经验或体验。古德莱德认为体验层次的课程是所有课程中最重要的课程，是被内化和个性化了的课程，该层次的课程是对课程组织的最终检验，表现了每一个学习者究竟受到怎样的影响。[①]

实施中的实际课程与国家课程标准所要求的课程存在一定的差异，即社会层次的课程与学校层次的课程之间存在一定的差异。对于这个世界性的问题，富兰（M. Fullan）、庞弗雷特（A. Pomfret）和利思伍德（K. A. Leithwood）等课程研究者总结了三种课程实施的取向：①得过且过（muddling through）取向。②改编或适应（adaption）取向。③忠实或精确（fidelity）取向。"得过且过取向"实际是把课程实施当作一种讨价还价的过程，行动中更多的是避开问题，而不是朝向目标。"改编或适应取向"存在一个基本假设，即课程实施前不可能也不应该规定精确的实施程度，而应该让不同的实施者自己来决定，唯有对实际情况最了解的人，才有可能做出最恰当的选择。实施者可以根据实际情况采取三种做法：课程计划与具体实施之间局部适应（即基本上按照课程计划实施，只做局部变动，以适应课程设计者的意图）、相互适应（即课程设计者和课程实施者双方都或多或少地改变一些看法，以便相互适应），或是全面修正已设计好的课程计划（即实施者完全根据自己的兴趣来修改课程计划，不去适应课程设计者的意图）。"忠实或精确取向"是实施过程"忠

① 张华：《课程与教学论》，上海教育出版社 2000 年版，第 332—333 页。

实地”反映课程设计者的意图，以便达到预定的课程目标。[①]

对照语文课程标准关于“整本书阅读”的要求与实际实施的中小学“整本书阅读”教学，教学实施中已经形成三种分化的情况。第一种情况是，由于我国中小学语文课程在较长一段历史时期以单篇课文教学为主，绝大多数学校采取了得过且过取向，没有真正落实义务教育阶段“九年课外阅读总量应在400万字以上”与高中阶段“课外自读文学名著（五部以上）及其他读物，总量不少于150万字”的要求。在没有课时安排与评价要求的前提下，“课外阅读”实际被视为可有可无了。采取这一取向的原因主要有两个，第一个是学校抱有功利主义价值观，课程标准没有具体评价要求，中、高考语文试卷没有明显涉及的相关内容，在教学实践中便不予以重视；第二个是教师操作层面的问题，教师长期教单篇短章阅读，不知如何指导整本书阅读。

第二种情况是，有研究者观察到一部分学校采取了改编或适应取向，即实施者根据实际情况做出积极的调整。例如，深圳南山实验学校所进行的探索如下。

> 一年级共读内容(2007年第二学期)：①实验学本一年级(下册)。②“人教版”教科书课文。③班级共读整本书：《小猪唏哩呼噜》《一年级大个子二个级小个子》《亲爱的笨笨猪》。
>
> 五年级共读内容（2007年第二学期）：①班级共读整本书：《论语》《童年》《城南旧事》《三国演义》(原版)，其中《论语》

---

① 施良方：《课程理论：课程的基础、原理与问题》，教育科学出版社1996年版，第131—132页。

> 从寒假开始自读，《三国演义》未全部读完，暑假继续阅读，用时8周。②教科书（人教版）的学习，用时7周。③由教科书课文学习拓展的语篇，如学习了冯骥才的《刷子李》之后，延伸阅读十几篇冯骥才《俗事奇人》中的文章。[①]

从南山实验学校一年级与五年级所规定的一个学期班级阅读教学篇目来看，学校将整本书纳入课堂教学，与人教版语文教材的教学并行不悖。该校采取改编或适应取向的主要原因有两个：第一是学校深刻认识到整本书阅读对于学生的发展价值，在课程标准要求的基础上做出局部调整；第二是教师能够努力克服操作中的种种困难，进行积极的教学实践探索。近年来，类似的实践探索越来越多地涌现，并取得了良好的实践效果。

第三种情况是，也有一部分学校主观上采取了忠实或精确取向，但是在实践中出现了偏差，实际效果并不理想。这部分学校的教师在操作层面遇到了种种问题，有一些问题与教师个人能力相关，还有一些问题则超出教师个体能力的边界，比如课时问题、社会阅读生态问题等。“整本书阅读”的课程计划与教学实施存在的差距暴露了许多值得研究与解决的教育教学问题：“整本书阅读”对于学生发展具体有哪些价值？“整本书阅读与研讨”在教学实施中分化成三种情况究竟是由于何种原因？如何看待目前的整本书阅读教学探索？整本书阅读如果走进语文课堂，在有限的时空里如何进行指导？此类问题都值得进一步探讨。

---

① 郑飞艺：《小学语文课程组织变革研究——基于实践的考察》，华东师范大学博士学位论文，2009年，第92页。

我国公民阅读现状与国家战略要求存在差距。阅读是一个人精神生活与生命质量的基础，也是一个民族文化传承和文明发展的希望。一个人的精神发育史就是阅读史，一个民族的精神境界取决于阅读的水平。作家梁衡在《我们为什么要阅读》一文中转述了一个故事：第二次世界大战期间，美国为克服军营的枯燥冷寂，提高士气，向军队提供了1.2亿本"军供版"图书。[①]美国人在配发枪支、罐头的同时还配发书籍，可见不管是在和平年代还是在战争时期，精神与物质同样不能少。"忠厚传家久，诗书继世长"，崇文重教、书香传家是中华民族的优良传统。2014年起，我国连续3年将"倡导全民阅读"写进《政府工作报告》。在2017年《政府工作报告》中，"倡导全民阅读"升级为"大力推动全民阅读"。中华民族的伟大复兴要靠一代一代人来实现。推动全民阅读、建设学习型社会是关乎国民素质、关乎综合国力、关乎民族未来的大事。

我国公民阅读现状不容乐观。从1999年至2018年，中国新闻出版研究院实施的"全国国民阅读调查"已经持续开展15次。2018年4月18日，课题组在北京发布了第15次全国国民阅读调查的有关数据。[②]本次调查执行样本城市为50个，覆盖了我国29个省、自治区、直辖市。有效样本量为18666个，其中成年人样本为14245个，18周岁以下未成年人样本为4421个，未成年人占到总样本量的23.7%；有效采集城镇样本14012个，农村样本4654个，城乡样本比例为3∶1。本次调查可以推及我国人口12.84亿，其中城镇居民

① 梁衡：《我们为什么要阅读？》，《人民日报》2017年4月7日第4版。

② 中国新闻出版研究院全国国民阅读调查课题组：《第十五次全国国民阅读调查主要发现》，《出版发行研究》2018年第5期，第5—8页。

占52.1%，农村居民占47.9%。调查结果显示，2017年我国成年国民包括书报刊和数字出版物在内的各种媒介的综合阅读率为80.3%，较2016年的79.9%有所提升。综合阅读包括对图书、报纸、期刊的阅读以及对数字产品的阅读。纸质阅读中，图书的阅读率有所提升，报纸、期刊的阅读率有所下降；数字阅读中，手机阅读、电子书阅读、平板电脑阅读都有不同程度的提高。2017年，我国城镇居民的纸质图书阅读量为5.83本，较2016年的5.60本提高0.23本；农村居民的纸质图书阅读量为3.35本，低于2016年的3.61本。未成年人的阅读量也是一个重要指标。数据显示，2017年0—8周岁儿童图书阅读率为75.8%，与2016年的76.0%基本持平；14—17周岁青少年图书阅读率为90.4%，较2016年的88.2%提高了2.2个百分点。2017年我国0—17周岁未成年人图书阅读率为84.8%，与2016年的85.0%基本持平。对未成年人图书阅读量的分析显示，2017年我国14—17周岁未成年人课外图书的阅读量最大，为11.57本，比2016年的9.11本增加了2.46本；0—8周岁儿童人均图书阅读量为7.23本，比2016年的7.76本略有下降。2017年我国0—17周岁未成年人平均图书阅读量为8.81本，比2016年的8.34本增加了0.47本。

有研究者以我国2016年《第十三次全国国民阅读调查报告》与美国《2016年阅读报告》为蓝本进行了比较研究，发现中美两国国民的阅读模式存在以下差异：①美国人更爱书本阅读，当年纸质书本年均阅读量12本，将近当年中国人均阅读量4.58本的3倍；②中国国民偏爱手机阅读，倾向于使用手机阅读的国民达27%，与之相对应的美国国民只有13%，中国国民手机阅读的内容包括新闻、检索信息、网络书籍和报刊等；③从美国国民阅读情况总体分析，女性的阅读量要高于男性，高收入者的阅读量要高于低收入者，高学历群体阅读量要高于低学历群体，白人的阅读量要高于黑人和拉丁裔，年长者的阅读量要略低于年轻人，而中国国民阅读调查没有涉及这一方面。[①]总体而言，美国国民的阅读风气和习惯更优于中国国民，美国国民更多开展的是以书籍阅读为代表的深阅读，而中国国民更多开展的是以互联网信息阅读为代表的浅阅读。

十九大报告指出，“加快建设学习型社会，大力提高国民素质”。2002年，十六大报告曾提出“形成全民学习、终身学习的学习型社会，促进人的全面发展”，十七大、十八大报告中也都把建设学习型社会作为一项重要任务。十九大报告中提出“加快”建设，是因为决胜全面建成小康社会，建设现代化强国迫切需要全民学习、终身学习的学习型社会提供有力支持。从“全国国民阅读调查”数据这一角度来看，我国国民阅读在阅读数量和阅读质量方面还有很大的提升空间。阅读数量提升主要指人年均纸质书籍阅读数量需要进一步增长，阅读质量提升主要指减少互联网信息阅读，增加经典书籍阅读。“如果书读得不够，只依赖互联网的话，就只能在海量的信息表面漂流，完全无法深入其中。”[②]2020年是实现《国家中长期教育改革和发展规划纲要（2010—2020年）》提出的“基本形成学习型社会”战略目标的节点，全社会都在大力推动全民阅读、建设书香社会，目前是几十年来推动阅读的最好时期。在基础教育阶段真正

① 夏志萍：《中美最新国民阅读调查报告分析及启示》，《图书馆研究》2017年第5期，第14—18页。

② ［日］斋藤孝：《深阅读：信息爆炸时代我们如何读书》，程亮译，江西人民出版社2016年版，序言第18页。

培养学生的阅读兴趣、扩大学生的阅读视野、引导学生的阅读品位、指导学生的阅读方式、提升学生的思维品质，真正促进学生语文学科核心素养的发展，是当前既重要又紧迫的教育任务。

苏联教育家苏霍姆林斯基说："30 年的经验使我相信，学生的智力发展取决于是否会很好地阅读。会边读边想的学生，比起那些不会快速阅读的人来，处理任何事情都要快些、顺利些。"①日本汉字教育专家石井勋认为："阅读能力是任何学习的基础。因为每一门学问都从阅读书籍开始。"②中小学阶段是养成阅读习惯的关键期。有阅读专家认为，如果一个人在 13 岁到 15 岁之前还没有养成阅读习惯和对书的感情，那么他今后一生很难再从阅读中找到乐趣，阅读的窗户将永远对他关闭。一个没有阅读教学的学校永远不可能有真正的教育。"整本书阅读与研讨"的理论与实践问题，值得语文教育者开展深入研究。

第二节　研究设计

讨论"整本书阅读"时，人们会听到许多不同立场下的不同观点。整本书阅读研究范围广，在空间维度上，覆盖学校、家庭与社会；在时间维度上，覆盖学龄前儿童、中小学生、大学生与成年人。因此，为了能够集中、深入地研究与解决具体问题，限定研究范围与界定

---

① ［苏］B. A. 苏霍姆林斯基：《给教师的建议》，周蕖等译，长江文艺出版社 2014 年版，第 28 页。

② ［日］石井勋：《石井博士幼儿能力开发法　石井式认字教育法理论与实务》，刘美伃译，内蒙古蒙古学出版社 1993 年版，第 3 页。

核心概念十分必要。

“整本书阅读”既是教育问题，也是社会问题。从“整本书阅读”课程计划与教学实施的差距以及国民阅读现状与国家战略要求的差距来看，研究整本书阅读有两种研究范围。第一种将研究集中在教育领域，主要解决“课程计划与教学实施存在差距”的问题；第二种将研究范围界定在社会范围，主要解决“国民阅读现状与国家战略要求存在差距”的问题。当然，教育问题本身即社会问题，两种范围划分并不是绝对割裂、互不干涉的。相反，要真正解决问题，恰恰需要互相参照、彼此融合。限定研究范围，只是为了更好地认识问题、分析问题、解决问题。“整本书阅读”的研究者有的来自图书馆界，有的来自教育界，也有的来自出版界，他们从各自的视角出发来解决本质上相通的问题。本书的探讨主要集中在教育领域，在空间范围上不涉及社会、家庭的阅读推广与阅读教育；在时间范围上不涉及学龄前儿童的早期阅读能力发展与大学生阅读研究，而是聚焦于基础教育阶段语文课程范围之内的整本书阅读，关注整本书阅读的教学价值实现。

讨论“整本书阅读”时，学界使用了多个近似的概念。最新颁布的《普通高中语文课程标准（2017 年版）》使用了“整本书阅读与研讨”这一概念，为了保持学术研究概念与课程标准文件概念的一致性，本书也采用“整本书阅读与研讨”这一说法。这一说法将此前语文课程标准里所使用的“整本书阅读”包含在内。本书讨论的“整本书阅读与研讨”指中小学阶段内嵌于学校语文课程之中，作为一种正式学习活动的整本书阅读，而非一般意义上的整本书阅读。本书讨论的“整本书”的“整”具有完整、整体的意思，指对全书结构的通盘把握和对全书内容的全面思考；“本”是阅读的数量单位，既可以是独立的一本，也可以是相互关联的多本；“书”是阅读对象，可以是文学作品、文化典籍，也可以是科学论著、学术著作。[①]“阅读与研讨”是阅读者连续不断地思考与对话的过程，包含学生与书册、学生与教师和其他学生、学生与自我三重对话关系，对应阅读、交往、反思三类活动。学生通过“整本书阅读与研讨”，在阅读、交往、反思三类活动构成的复合性结构中，融合“语言建构与运用”“思维发展与提升”“审美鉴赏与创造”“文化传承与理解”四个方面，实现自身语文学科核心素养的提升。

“整本书阅读与研讨”与“名著阅读”“经典阅读”两个概念所指多有重叠。“整本书”与“名著”“经典”相比，“名著”更多指文学名著，特别是长篇小说阅读，强调文学名著对于阅读者的意义；“经典”则是相对于一般书籍而言的，强调经典著作对于人的发展价值；“整本书”却是与“篇章”相对。整本书阅读除了阅读对象与篇章阅读不同，阅读思维也与单篇阅读不完全相同。与“经典阅读”“名著阅读”更加强调“读什么”的重要性相比，“整本书阅读与研讨”既重视经典、名著的价值，也凸显“整本书”这种阅读方式对于学生发展与语文课程的重要意义。[②]与“整本书阅读与研讨”在内涵和外延上基本一致的另一个概念是“书册阅读”，它也与“篇章阅读”对举。

教育科学研究其实可以遵循两种不同的学术逻辑，即学科逻辑与问题逻辑。学科逻辑以学科为本位，强调学科的规范性、重视理论体系的建构；而问题逻辑则是以问题为本位，强调具体问题的解

---

① 徐鹏：《整本书阅读：内涵、价值与挑战》，《中学语文教学》2017 年第 1 期，第 5 页。

② 李卫东：《整本书阅读教学的几种偏向》，《中学语文教学》2018 年第 1 期，第 7 页。

决，关注选择和行动。学科逻辑是一种演绎的逻辑，从作为原点的概念出发构成学科体系。问题逻辑是一种归纳的逻辑，从收集和归纳教育实践中产生的问题出发，讨论本学科中应予关注和解决的问题，由问题构成学科的基本框架。本书讨论“整本书阅读与研讨”遵循问题逻辑，围绕实践中产生的“落差”问题展开具体讨论。一个完整的课程变革过程包括课程计划、课程采用、课程实施、课程评价等环节，课程变革是这些环节之间动态的、复杂的交互作用过程。“整本书阅读与研讨”在课程计划与教学实施之间之所以存在差距，既有课程计划层面的原因，也有教学实施层面的原因。全书共分四章，第一章梳理“整本书阅读与研讨”的历史变迁，把握“整本书阅读与研讨”的历史形态。如自 1904 年初语文课程独立设科以来，“整本书阅读与研讨”在课程标准表述里具体有何变化？在一百多年的发展脉络中，最具代表性的整本书阅读教学研究包含哪些学术观点？把握“整本书阅读与研讨”的历史形态，反思课程计划层面“整本书阅读与研讨”的相关规定，可以启发今天对于“整本书阅读与研讨”的思考与实践。第二章以美国哥伦比亚大学师范学院阅读与写作项目（Teachers College Reading and Writing Project，简称 TCRWP）为例，考察“整本书阅读与研讨”的美国实践。如美国作为发达国家，在课程计划层面对于“整本书阅读与研讨”持怎样的课程价值观？在教学实施层面具体如何操作？第三章主要探讨当前教学实践中“整本书阅读与研讨”的实践模型及理论框架，解决如何具体指导学生阅读一本书的问题，这是目前教学实践中一线教师最期待解决的问题。第四章展望“整本书阅读与研讨”的理想形态，从国家、学校、教师等角度系统探讨如何培养“终身阅读者”。四章内容是对于“整本书阅读与研讨”历史性、现实性、可能性的综合考察，在历史性、现实性和可能性三者统一的基础上，更为强调可能性，强调将可能性转变为新的现实性，这也符合行动研究“求善”的研究目的。

“整本书阅读与研讨”既是教育热点问题也是教育难点问题，囿于研究者自身能力与研究客观条件，本书存在诸多不足，其中部分对于“整本书阅读与研讨”可能性的考察，需要进一步的检验。将“整本书阅读与研讨”引入语文课程，不仅涉及语文课程框架的局部调整，也对语文教学组织形式和评价方式提出了新的要求，实际上推动着整个语文课程格局的变革。在持续的、有效的实验与变革中，一个层面或一个局部也许会成为第一推动力，有可能成为构建一个新的课程组织结构的基点。期待本书粗浅的思考可以引起更多同人对于“整本书阅读与研讨”的关注、实践与研究，更好地回答四十年前的“吕叔湘之问”。

第一章
“整本书阅读与研讨”的历史发展：立学以读书为本

阅读是教育的核心，学校中几乎每一科知识都是通过阅读来学习的。在较长一段历史时期内，我国中小学语文课程处于单篇短章教学的状态。近年来，自从初、高中语文课程标准提倡“读整本书”的理念以后，广大语文教师有了整本书阅读教学的意识，一部分教师开始在教学实践中进行整本书阅读教学探索；自从初、高中语文课本中设置“名著导读”教学内容后，多数语文教师开始探索整本书阅读教学的方法；自从部分省市中、高考出现考查名著阅读的相关试题后，整本书阅读教学开始成为语文教学的热点。同时，也有教师从课时等角度提出疑虑，认为目前整本书阅读进入语文课程不可取，中、高考对整本书阅读的考查应当缓行。那么，在更久远的历史语境中，“整本书阅读与研讨”是否进入了语文课程？“整本书阅读与研讨”与单篇课文教学是什么关系？其实，20世纪的众多语文课程标准和教学大纲中都有涉及“整本书阅读”的相关要求，学界也有关于“整本书阅读”的探讨研究。本章尝试在学科发展的历史脉络中梳理“整本书阅读与研讨”的学科定位，考察“整本书阅读与研讨”的历史形态。

第一节　回顾：“整本书阅读与研讨”的发展变迁与研究成果

语文是中国最古老的课程。根据史籍记载，周代宫廷教育科目有“礼、乐、射、御、书、数”六项。“书”是识字，属于语文；“数”的教科书《九章算术》一直与“小学”（文字、音韵、训诂学）同科，是用语文学科逻辑的方式编写的；“礼、乐”要靠训练学习，但观念、规范写在经书上，也需要阅读文本、理解文意，这是高级语文；宫廷教育分文武两科，“射、御”在“礼、乐”的覆盖下，学习中也是要阅读和理解文本的。所以，中国古代一切教育均以语文为基础。

清末民初，语文独立设科。有研究者指出，“现代性”是语文独立设科以来百年发展的价值诉求。[①]语文学科在追求“现代性”的百余年间，经历了不同的发展阶段，语文教育界对于“整本书阅读与研讨”也有着不同的理解。从课程文件与学术探讨中，可以勾勒出“整本书阅读与研讨”学科定位的历史脉络。

一、历史脉络：语文课程文件相关表述

自 1904 年初清政府颁布《奏定学堂章程》至 21 世纪教育部研

① 刘正伟：《现代性：语文教育的百年价值诉求》，《教育研究》2008 年第 1 期，第 48 页。

制语文课程标准，我国覆盖中小学各学段的语文课程标准、语文教学大纲及大纲调整意见等课程文件共有将近 60 份。这些文件中有关“整本书阅读”的表述，反映了我国基础教育推行中人们对于“整本书阅读”最基本的认识。

（一）20 世纪前期

1904 年《奏定学堂章程》的颁布，开启了现代语文教育体系的建构及探索。尽管 1906 年语文学科才正式被冠以“国文科”之名，但是独立的语文课程已经在《奏定学堂章程》中初具轮廓，“读经讲经”与“中国文字”“中国文学”均属于语文课程的内容。初等小学堂“中国文字”科由作文和习字两部分构成。高等小学堂“中国文学”科包括读古文、作文、习楷（行）书、习官话四项。中学堂“中国文学”科包括读文、作文、习楷（行）书兼习小篆。涉及“整本书阅读”的内容主要体现在“读经讲经”部分：按照规定，初等小学堂阅读《孝经》、四书、《礼记》节本，五年共计 101800 字；高等小学堂阅读《诗经》《书经》《易经》《仪礼》，四年共计 115200 字；中学堂阅读《春秋左传》及《周礼》两部，五年共计 240000 字左右。尽管“读经讲经”的阅读内容与现代语文课程所读内容存在差异，但是阅读“整本书”的确是我国语文教育的传统。根据陈学恂《中国教育史研究》，古代阅读可细化为“认书”“读书”“背书”“温书”四个教学环节。《奏定初等小学堂章程》规定，“读经讲经时刻，计每星期读经六点钟，挑背及讲解六点钟，合共十二点钟。另有温经钟点每日半点钟，在自习时督课，不在表内”。“读经”“挑背”“讲解”“温经”过程与“认书”“读书”“背书”“温书”四个环节基本一致。当然，清末十年间，经学教育总体上不断衰弱，现代语文教育本体内容逐渐强化。以小学堂教学时间安排为例，“读经讲经”课时逐渐减少：1904 年为 12 课时；1909 年起改为从第三年起安排 12 课时；1911 年改为从第三年起安排 5 课时。与此同时，“国文”课时逐渐增加：1904 年为 4 课时；1909 年增加为第一年 18 课时、第二年 24 课时、第三年至第五年 12 课时；1911 年增加为前两年 14 课时、后两年 15 课时。这是语文课程逐步挣脱传统教育体系走向独立的关键标志。

表 1　小学堂读经与国文科课时演变比较①

年 科目	1904	1909	1911
讲经 读经	12课时	12课时，自第三年加入	5课时，自第三年加入
国文	4课时	第一年18课时 第二年24课时 第三至第五年12课时	第一、第二年14课时 第三、第四年15课时

民国初年至 20 世纪 20 年代，是语文学科的始建阶段。1922 年学制改革前，除了废除读经内容，学校课程标准仅将清末的学堂章程稍为调整，未有根本性的建设。具有“现代性”意义的“整本书阅读”最早出现在 1923 年《新学制课程标准纲要小学国语课程纲要》、《新学制课程标准纲要初级中学国语课程纲要》及《新学制课程标准纲要高级中学公共必修的国语课程纲要》之中。“新学制”即 1922 年 11 月 1 日正式公布的“壬戌学制”，将原来小学七年、中学四年改为小学、初级中学、高级中学分别六年、三年、三年，故又称“六三三

① 参照庄俞《论学部之改良小学章程》制表，转自刘正伟：《读经思潮与 20 世纪中国语文教育》,《中学语文教学参考》1998 年第 4 期，第 3 页。

学制”。“新学制”由全国教育会联合会研制，在颁布“新学制”的同时，全国教育会联合会组织了“新学制课程标准起草委员会”，聘请专家50余人任委员，分别拟定中小学各科课程纲要，以供课程改革参考，并于1923年公布。《新学制课程标准纲要小学国语课程纲要》由吴研因起草，分“目的”“程序”“方法”“毕业最低限度的标准”四部分。其中，“毕业最低限度的标准”中规定，初小阶段学生读“语体的儿童文学等书八册（以每年二册计，每册平均四五千字）”，高小阶段“读儿童文学等书累计至十二册以上”。《新学制课程标准纲要初级中学国语课程纲要》主要由叶圣陶起草，分“目的”“内容和方法”“毕业最低限度的标准”三部分，“内容和方法”部分提出“精读选文”“略读整部的名著”。精读选文，详细诵习，研究；大半在上课时直接讨论。略读整部的名著（由教师指定数种），参考笔记，求得其大意；大半由学生自修，一部分在上课时讨论。由此可见，当时整部名著的阅读不完全是课外自读，还包括课堂教学指导部分。精读占十四学分，略读占六学分，高于作文四学分、文法三学分、演说三学分、写字二学分。至于“略读”的整部名著，包括小说、戏剧、散文，列于附表之中，具体由教师指定，包括《西游记》、《三国演义》、欧美小说译丛、鲁迅与胡适的小说等。《新学制课程标准纲要高级中学公共必修的国语课程纲要》为胡适起草，同样提出“精读”与“略读”，要求选用已经整理过的名著，每项暂定八种名著为最低之数，并在“毕业最低限度的标准”里规定“精读指定的中国文学名著八种以上”，“略读指定的中国文学名著八种以上”。

1929年，我国第一套以教育部名义颁布的具有教育法规性质的课程标准——《中小学暂行课程标准》颁布。其中，语文科由小学国语、中学（初级、高级）国文“暂行课程标准”构成。这套课程标准借鉴1923年新学制课程标准纲要的体系并汲取其精神，对语文学科及其教学做了较为全面、系统的规划与建构，“国语”“国文”共同构成语文学科框架，标志着现代语文学科至此已经基本构建成形。《小学课程暂行标准小学国语》分为“目标”“作业类别”“各学年作业要项”“教学方法要点”“最低限度”五部分。关于“整本书阅读”，沿用了1923年课程标准纲要“精读”选文与“略读”整书的理念，进一步指出精读“重在质的精审”，略读“重在量的增加”。《初级中学国文暂行课程标准》《高级中学普通科国文暂行课程标准》都分为“目标”“作业要项”“时间支配”“教材大纲”“教法要点”“毕业最低限度”六部分，同样规定了要“精读”选文与“略读”整部的名著。时间支配上，精读指导三小时，略读指导一小时；针对高中阶段的“精读”，提出“专书精读”与“选文精读”；针对“毕业最低限度”，初中要求“曾略读名著十二种，能了解大意，并记忆其主要部分”，高中要求“曾精读名著六种而能了解与欣赏”“曾略读名著十二种而能大致了解欣赏”。

20世纪30—40年代，是语文学科探索阶段。1932年、1936年、1940年、1948年教育部均修订、颁布了语文课程标准，其中1948年修订版没有实施，其他均以1929年的课程标准为蓝本，保持其基本结构，没有根本性的变动。1932年《小学课程标准国语》分为“目标”“作业类别”“各学年作业要项”“教学要点”四部分。其中“作业类别”分为说话、读书、作文、写字四个方面。“读书”方面规定，“精读——选取适当的教材指导儿童阅读深究或熟读，使儿童欣赏理解，或由理解而记忆。重在质的精审”“略读——选取适当的教材或补充读物，限定时间，指导儿童阅读，再由教员分别考查，并和儿童互相讨论。重在量的增加”。“教学要点”要求“每周除精读外，应有定时指导儿童略读”“略读的图书，须欣赏的、实用的、参考的三项并重，但依年级而异其分量。除课内指导外，应督励儿童课外阅读，并作读书报告”“自四年级起，应指导儿童练习读书笔记”。《初级中学国文课程标准》与《高级中学国文课程标准》都包括“目标”“时间支配”“教材大纲”“实施方法概要”四部分，“时间支配”中规定“精读”约为 3 小时，“略读指导”为 1 小时，高中“精读”分为“选文精读”与“专书精读”。1936 年《小学国语课程标准》关于“精读”“略读”的内容大致与 1932 年课标要求相同，增加了“课外阅读的读物，须与课内的读书教材相应，或有补助的关系；并须同样考核成绩”。1941 年《小学国语科课程标准》也保留了 1932 年课标的主要内容。1936 年《初级中学国文课程标准》《高级中学国文课程标准》及 1940 年《修正初级中学国文课程标准》《修正高级中学国文课程标准》同样保持了 1932 年课标的主要内容。20 世纪 30—40 年代虽然战火频仍，但是对于国语、国文教学的探索，始终有语文教育者在坚持进行。

（二）20 世纪后期

新中国成立以后，“语文”作为学科名称正式得到确定。1949 年至 1966 年，语文学科处在发展阶段。20 世纪 50 年代中期曾经尝试汉语、文学分科改革，“语文”学科分成相对独立的“汉语”和“文学”两门。这是新中国建立后语文课程内容最大的一次变革。1955 年秋季，《小学语文教学大纲草案（初稿）》在几个省市的部分小学试行。1956 年，根据初稿试行结果，教育部修订后公布了《小学语文教学大纲（草案）》。这两份大纲提出“课外阅读的指导是语文教学的重要组成部分”，“教师要善于利用规定的课外阅读指导的课堂教学时间来进行介绍、叙述、讨论、考查”。同时，“还要充分利用课外活动的机会，指导儿童从事有关阅读的活动”，“不要把课外阅读局限在课堂上，变课外阅读为课内阅读”，每两周由阅读课划出 1 课时进行课外阅读指导。1954 年，中共中央决定中学语文实行汉语、文学分科。1956 年 7 月，教育部颁发《初级中学文学教学大纲草案（初稿）》，1956 年 5 月，《初级中学汉语教学大纲草案（初稿）》正式试用。《初级中学文学教学大纲草案（初稿）》有一部分特别谈到“课外阅读和课外文学活动的指导”，“学生每学期课外阅读的书籍，不宜少于四本”，教学大纲为每个年级开列了 30 种课外阅读参考书目，并规定了一定的课时供教师进行课外阅读谈话之用。教师应该有计划地把这些课时分配在适当的月份，并在规定的课外阅读谈话的时间，向学生评介本学期课外阅读的必读书。1955 年 7 月，《高级中学文学教学大纲（草案）初稿》以教育部名义印行第一版。1956 年 11 月，经过增订，《高级中学文学教学大纲（草案）》印行第二版。《高级中学文学教学大纲（草案）》同样安排了一部分谈“课外阅读和课外文学活动的指导”，提供了参考书目并要求“在学期中，教师应该充分利用教学大纲所规定的课外阅读谈话课进行指导”。

20 世纪 60 年代前期，语文作为中小学教育中“最基本的工具”的地位被加以确立，语文基础知识的教学和基本技能的训练得到了切实加强，其重要标志就是 1963 年《全日制小学语文教学大纲（草案)》和《全日制中学语文教学大纲(草案)》的颁布。1963的《全日制小学语文教学大纲(草案)》中也主张“加强课外的阅读指导和写作指导”,不过没有再提供参考书目,也没有安排课时。1963年《全日制中学语文教学大纲(草案)》同样主张加强课外阅读指导,指出“提高学生的语文水平，一方面要让学生精读课文，另一方面要让学生广泛地阅读”，“只读课本，不广泛涉猎，总是不够的”，同样没有再安排参考书目与课时。同时，有关课文的选材标准,《全日制小学语文教学大纲(草案)》提出“课文宜于短小精悍,读起来琅琅上口。长篇作品，采用节选的办法；较长的文章，也应该在不损伤原文精华的情况下略加删节”，这一选材要求限制了整本书以“课文”的形式进入语文课堂。1966年至1976年，全国没有颁布统一的中小学语文教学大纲。

1977年至今，是语文学科改革创新阶段。从1977年至1989年，语文教育尚处于复苏与改革的初级阶段。在这一阶段，针对语文学科先后制订或修订了4次教学大纲。1978年大纲是1963年大纲在新的历史时期的反映,其基本内容与1963年大纲没有实质性的差别。1980年大纲是对1978年大纲的一次修订，内容只进行了微调和完善。1986年大纲以降低难度、减轻负担、明确要求为原则，是该阶段改革力度较大，很有代表性的一个关键性大纲。1988年大纲则是根据义务教育的需要对1986年大纲所做的变更,基本内容变化不大。1986年《全日制小学语文教学大纲》在“阅读教学”部分主张“要加强课外阅读指导”，强调了课外阅读的重要作用，教师对课外阅读的指导主要在于选择读物、提示方法、组织活动、检查效果、培养习惯等方面。不过，这份大纲依然没有提供参考书目与课时。

20世纪90年代，语文学科主要制订或修订了5次教学大纲(含大纲调整意见）。1990年大纲是对20世纪80年代大纲的一次普遍的修订；1991年的“思想政治教育纲要”是特殊历史背景下的产物，具有专门的目的，是对原大纲的补充而非全面的修订；1994年的调整意见是对1992年义务教育大纲在新形势下的说明。因此，从“原创”的角度看，1992年大纲、1996年大纲才是20世纪90年代具有发展意义的代表性大纲。1992年《九年义务教育全日制小学语文教学大纲（试用）》在“课外活动”部分把“课外阅读”与“兴趣小组”等作为课外活动的类型之一，指出教师的指导在于选择读物、提示方法、组织活动、检查效果、培养习惯等方面。1992年《九年义务教育全日制初级中学语文教学大纲（试用）》中“课外活动”部分提出语文课外活动包括课外的阅读活动、写作活动、听话说话活动、写字活动和参观访问活动，要求“每学年课外读三五本书”。1996年《全日制普通高级中学语文教学大纲（供实验用）》提出课程由学科类课程和活动类课程组成，活动类课程包括阅读活动。附录里有“课外阅读书目”一项，但是并没有具体书目，待各地推荐，有关权威机构审定。

“整本书阅读”在20世纪下半叶中国语文课程文件中定位为课外阅读，没有相应考核要求，在应试教育环境中被实际实施的语文课程所“驱逐”不足为怪。因此，半个世纪以来整本书阅读相关教学经验的积累较少。

（三）21世纪以来

21世纪初期，我国基础教育进行了大规模的课程改革。1999年12月，教育部基础教育司根据“面向21世纪教育振兴行动计划”

正式启动了“国家基础教育课程改革项目”，发布了《国家基础教育课程改革项目概览》，包括制定基础教育课程改革指导纲要、制订基础教育课程计划、制定基础教育课程标准、基础教育课程评价体系研究、基础教育课程管理体系研究、课程资源（含教材）开发与管理系统研究、基础教育课程改革实验与推广、调整现行中小学课程计划与教学大纲和基础教育课程理论研究九个大类的项目。1999 年下半年，教育部基础教育司先行组织力量，开展对现行各科小学、初中、高中教学大纲进行修订的工作，其中也包括对三个语文教学大纲的修订。另外，教育部开始着手研制语文课程标准。

2000 年 3 月，小学、初中、高中语文教学大纲（试用修订版）相继公布，用来指导和规范当时的基础教育语文教学。2002 年 4 月，又对修订版高中大纲做出修订。2000 年《九年义务教育全日制小学语文教学大纲（试用修订版）》要求“养成良好的阅读习惯。课外阅读总量五年制不少于 100 万字，六年制不少于 150 万字”，“二年级课外阅读不少于 5 万字”，“课外阅读三年级不少于 15 万字，四年级不少于 30 万字”，高年级“课外阅读每学年不少于 50 万字。逐步培养读书记笔记的习惯”，“积极创造条件，指导学生多读书，并采取多种形式交流读书心得”。2000 年《九年义务教育全日制初级中学语文教学大纲（试用修订版）》规定“养成读书看报的习惯。学会浏览、检索、摘录、制作卡片、写读书笔记等读书方法。课外自读每学年不少于 80 万字（其中文学名著 2—3 部）”。附录二为《课外阅读推荐书目》，共 10 本。2000 年《全日制普通高级中学语文教学大纲（试用修订版）》要求“课外自读文学名著（10 部以上）、科普书刊和其他读物，不少于 300 万字”。附录三为《课外阅读推荐书目》，共20本。2000年的语文教学大纲是一个转折点。2002年《全日制普通高级中学语文教学大纲》要求“扩大阅读视野，丰富自己的精神世界,关注社会进步和科技发展。课外自读文学名著（10部以上)、科普书刊和其他读物，总量不少于300万字”。附录三为《关于课外读物的建议》，建议阅读的读物包括文化经典著作、小说、诗歌、散文、剧本、语言文学理论著作、科学与人文的各类读物等。

《全日制义务教育语文课程标准（实验稿）》于2001年7月正式颁布。《义务教育语文课程标准(2011年版)》于2012年1月出版。《普通高中语文课程标准（实验）》于2003年4月正式出版。《普通高中语文课程标准（2017年版）》于2018年1月正式出版。《全日制义务教育语文课程标准（实验稿）》规定“九年课外阅读总量应在400万字以上”，并分解到各个学段的阶段目标之中。附录部分包括“关于课外读物的建议”，列举了童话、寓言、故事、诗歌散文作品、长篇文学名著等推荐篇目。《义务教育语文课程标准（2011年版）》同样规定“九年课外阅读总量应在400万字以上”,也分解到各个学段。“评价建议”部分增加“要重视学生课外阅读的评价”。附录中也给出了对阅读材料的建议。《普通高中语文课程标准（实验）》要求“课外自读文学名著（五部以上）及其他读物，总量不少于150万字”。选修课程系列中也包括了阅读整本书的内容，例如小说与戏剧、人物传记、文化论著。另外,附录一《关于诵读篇目和课外读物的建议》用举例的方式给出了课外读物的建议。

《普通高中语文课程标准（2017年版）》规定普通高中语文课程由必修、选择性必修、选修三类课程构成,其中“整本书阅读与研讨”作为学习任务群贯串三类课程，在必修阶段安排1学分，共18课时。

必修阶段应完成一部长篇小说和一部学术著作的阅读，重在引导学生建构整本书的阅读经验与方法。在选择性必修和选修阶段要运用这些经验与方法阅读相关作品，不专门安排学分。附录《关于课内外读物的建议》以举例的方式，给出了文化经典著作、诗歌、小说、散文、剧本、语言文学理论著作、当代文学作品以及科学与人文方面的各类读物的阅读建议。这些内容，既可以作为“整本书阅读与研讨”“文学阅读与写作”“中国现当代作家作品研习”“中华传统文化经典研习”“外国作家作品研习”等学习任务群的备选，也可以推荐学生在课外阅读。

百余年间，语文学科经历了不同发展时期。顾黄初、李杏保曾经将语文学科百年发展历程划分为以下六个阶段：语文学科独立设科阶段（1904—1912 年）、学科体系初建阶段（1912—1932 年）、曲折中探索前进阶段（1932—1949 年）、更新发展阶段（1949—1966 年）、十年浩劫阶段（1966—1976 年）、改革创新阶段（1977 年至今）。“整本书阅读与研讨”的学科定位也经历了起伏变化，以是否具有课堂教学地位为标志，大致可以划分为沿袭、并重、弱化、重启四个阶段。第一阶段主要体现在“读经讲经”时期，《奏定学堂章程》规定了详细书目、阅读量、课时比例、教学方法等，沿袭了古代教育阅读整本书的传统。但是从阅读目标到阅读内容、阅读方式，都不是现代意义上的“整本书阅读”。第二阶段主要集中在 20 世纪 20 年代、30 年代、40 年代，“精读选文”与“略读专书”并重，高中阶段增加“精读专书”，对于阅读书目、阅读量、学分、课时、评价均有相关要求，“精读”与“略读”的课时比例大致为 3∶1。第三阶段为建国初期至 20 世纪末，建国初期仍有每周 1 课时整本书阅读指导时间，1963 年起不再有课时规定与阅读书目，整本书阅读完全在课外开展，在实际执行中渐渐被弱化。第四阶段为新世纪基础教育课程改革至今，自2001年起语文课程标准开始逐步增加有关整本书阅读的阅读量、阅读书目、评价、课时、学分等相关要求。把握“整本书阅读与研讨”的历史发展脉络，反思“整本书阅读与研讨”学科定位的起伏变化，可以启发今天对于“整本书阅读与研讨”的思考与实践。

二、学术成果：叶圣陶整本书阅读教学观

做研究既要了解研究对象的发展历史，也要了解研究成果的积累历程。梳理语文课程文件对于“整本书阅读”的表述，可以勾勒一条纵向脉络。在这条脉络之中，20世纪20年代、30年代、40年代所强调的“精读”与“略读”并重是历史变化曲线的顶峰，其中叶圣陶关于“整本书阅读教学”的研究尤其值得关注。吕叔湘在1980年为《叶圣陶语文教育论集》一书所作的序中写道：“按说这本集子里边的文章大部分是解放以前写的，为什么现在还没有过时呢？这是因为现在有很多问题表面上是新问题，骨子里还是老问题，所以这些文章绝大部分仍然富有现实意义。”[①]聚焦叶圣陶的整本书阅读教学观，正是为了解答今天的问题。

叶圣陶，原名绍钧，字秉臣。顾黄初将叶圣陶语文教育实践活动划分为三个阶段：早期教学实践阶段，中期编辑著述阶段，后期组织、推动和理论指导阶段。[②]第一阶段（1912—1931年），1912年

---

① 中国教育科学研究院：《叶圣陶语文教育论集》，教育科学出版社2015年版，序1。

② 顾黄初：《叶圣陶语文教育思想讲话》，开明出版社1994年版，第8—21页。

叶圣陶中学毕业后成为乡镇小学教师，1931年进入上海开明书店专任编辑，前后将近20年。前10年在苏州和上海一些初等和高等小学工作，后10年在中学和大学里承担国文课教学，其间被邀去商务印书馆担任编辑8年。第二阶段（1931—1949年），叶圣陶应好友章锡琛之请，离“商务”进“开明”，在开明书店与夏丏尊、王伯祥等主持编务，其间几经战乱，直至1949年新中国成立，历时也近20年。在这一阶段，他曾在后方一些大、中学校兼过课，但主要精力集中在编撰工作上面。第三阶段（1949—1988年），从1949年新中国成立前夕起，叶圣陶开始对我国语文教育工作进行组织、推动和理论指导，曾先后担任华北人民政府教育部教科书编审委员会主任委员、出版总署副署长和教育部副部长。

叶圣陶整本书阅读教学观发展前后跨越二十余年，以《精读指导举隅》《略读指导举隅》两本著作为代表性成果。1922年，叶圣陶在《教育杂志》发表《小学国文教授的诸问题》一文，主张国文教授的一个重要目的是“养成读书习惯”，而一般教师经常忽视这一点。要养成读书习惯，有赖于教材以外的书籍，它们一是能补充教材的不足，二是能满足儿童不同的兴趣。此类书籍，不必“精读”，只需“泛览”。如此，国文教授的收效必更大。1923年春，叶圣陶曾应聘到商务印书馆国文部当编辑，与顾颉刚合编初级中学教科书《新学制国语教科书》，并参与“新学制中学国文课程标准”的拟订工作。《新学制课程标准初级中学国语课程纲要》主要由叶圣陶起草，分“目的”“内容和方法”“毕业最低限度的标准”三部分，“内容和方法”部分提出“精读选文”“略读整部的名著”。1940年7月，叶圣陶任四川省教育科学馆国文视导员，受时任四川省教育厅厅长郭有守的委托，编辑“国文教学丛刊”。1940 年 8 月，朱自清至成都与陈竹隐等家人团聚，并赴开明办事处访叶圣陶。叶圣陶宴请朱自清，商谈合作《精读指导举隅》与《略读指导举隅》之事。自此以后，两人商量体例、挑选文篇和书籍，分工动手写作、彼此修改文稿。历时一年多，终于完成了《精读指导举隅》与《略读指导举隅》二书。《精读指导举隅》于 1941 年 2 月由四川省政府教育厅印行，1942 年 3 月由商务印书馆在重庆初版。《略读指导举隅》于 1943 年 1 月由商务印书馆在重庆初版。《略读指导举隅》选取七部书为例进行指导，其中经籍一种、名著节本一种、诗歌选本一种、专籍两种、小说两种；适合初中学生阅读的三种，适合高中学生阅读的四种。在此期间，叶圣陶发表了《论国文精读指导不只是逐句讲解》（1941）、《略谈学习国文》（1942）、《论中学国文课程的改订》（1942）等文，其中均涉及“整本书阅读”观点。1948 年 8 月，叶圣陶撰写了《中学语文科课程标准草稿》。当时华北人民政府教育部教科书编审委员会打算编辑新的语文课本，叶圣陶因此草拟了这个课程标准。草稿未成正式文件，只在内部传阅，其中“教材”部分谈到了“整本的书”。

“叶圣陶整本书阅读教学观”是一个整体构想，与他对于语文课程目标、教材、方法的主张密切相关，具有一致性与连贯性。考察“叶圣陶整本书阅读教学观”，必须将其置于叶圣陶语文教育思想体系中进行理解。

（一）国文教学目标：“得到阅读和写作的知识，从而养成阅读和写作的习惯”

叶圣陶在《略谈学习国文》（1942）中强调过“目标”的重要性，

“无论学习什么学科，都该预先认清楚，为什么要学习它。认清楚了之后，一切努力才有目标，才有方向，不至于盲目地胡搅一阵”。叶圣陶对于国文教学目标的表述，不同文章中略有差异，但是从具体阐述来看，其一贯主张未变，即“得到阅读和写作的知识，从而养成阅读和写作的习惯”。

> 在这里，颇有问一问国文科的目的到底是什么的必要。我们的回答是“整个的对于本国文字的阅读与写作的教养”。换一句话说，就是“养成阅读能力”“养成写作能力”两项。要养成阅读能力，非课外多看书籍不可。课本只是举出些例子，以便指示、说明而已。这里重要在方法；本月比上月更善阅读，今年比去年更能了解，就是进步。（原载 1932 年《中学生》第 29 号卷头言《国文科的目的》，有修订）
>
> 国文教学自有它独当其任的任，那就是阅读与写作的训练。学生眼前要阅读，要写作，至于将来，一辈子要阅读，要写作。这种技术的训练，他科教学是不负责任的，全在国文教学的肩膀上。所谓训练，当然不只是教学生拿起书来读，提起笔来写，就算了事。第一，必须讲求方法。怎样阅读才可以明白通晓，摄其精英，怎样写作才可以清楚畅达，表其情意，都得让学生们心知其故。第二，必须使种种方法成为学生终身以之的习惯。因为阅读与写作都是习惯方面的事情，仅仅心知其故，而习惯没有养成，还是不济事的。国文教学的成功与否，就看以上两点。（原载 1940 年《中等教育季刊》第 1 卷第 1 期《对于国文教学的两种基本观念》，有修订）

国文教学悬着明晰的目标：养成阅读书籍的习惯，培植欣赏文学的能力，训练写作文章的技能。这些目标是非达到不可的，责任全在教师身上；而且所谓养成、培植、训练，不仅对一部分学生而言，必须个个学生都受到了养成、培植、训练，才算达到了目标。（原载 1941 年《文史教学》第 1 期《论国文精读指导不只是逐句讲解》，有修订）

语言文字的学习，就理解方面说，是得到一种知识；就运用方面说，是养成一种习惯。这两方面必须联成一贯；就是说，理解是必要的，但是理解之后必须能够运用；知识是必要的，但是这种知识必须成为习惯。语言文字的学习，出发点在“知”，而终极点在“行”；到能够“行”的地步，才算具有这种生活的能力。这是每一个学习国文的人应该记住的。

从国文科，咱们将得到什么知识，养成什么习惯呢？简括地说，只有两项，一项是阅读，又一项是写作。要从国文科得到阅读和写作的知识，养成阅读和写作的习惯。阅读是“吸收”的事情，从阅读，咱们可以领受人家的经验，接触人家的心情；写作是“发表”的事情，从写作，咱们可以显示自己的经验，吐露自己的心情。在人群中间，经验的授受和心情的交通是最切要的，所以阅读和写作两项也最切要。这两项的知识和习惯，他种学科是不负授与和训练的责任的，这是国文科的专责。每一个学习国文的人应该认清楚：得到阅读和写作的知识，从而养成阅读和写作的习惯，就是学习国文的目标。（原载 1942 年《国文杂志》第 1 期《略谈学习国文》，有修订）

国文教学的目标，在养成阅读书籍的习惯，培植欣赏文学

的能力，训练写作文字的技能。（商务印书馆《略读指导举隅》前言）

学习国文该认定两个目标：培养阅读能力，培养写作能力。培养能力的事必须继续不断地做去，又必须随时改善学习方法，提高学习效率，才会成功。所以学习国文必须多多阅读，多多写作，并且随时要求阅读得精审，写作得适当。（原载 1948 年开明书店《中学生手册》，有修订）

从教学目标分类学的角度看，叶圣陶从两个维度构建了国文教学目标，一个维度是国文学习领域，一个维度是国文学习水平，这两个维度在 1942 年《略谈学习国文》一文中表述得最为完整。叶圣陶认为“国文学习领域”主要是阅读与写作两大领域，“国文学习水平”包括“知识”与“习惯”两个层次。“阅读”与“写作”两大领域，这在今天不难理解。而关于“知识”与“习惯”两个层次，据叶圣陶阐述，“就理解方面说，是得到一种知识；就运用方面说，是养成一种习惯”，可见其实就是“理解”与“运用”两个层次。其中，与“整本书阅读”密切相关的是“阅读运用”这一层次的目标，按照叶圣陶的表述是“养成阅读习惯”。现在人们把“习惯”理解为“积久养成的生活方式”，叶圣陶所说的“习惯”不完全等同于今天的“习惯”概念。

叶圣陶主张，国文教学目标是能够理解阅读与写作的知识（方法）并且能够运用阅读与写作的知识（方法）。能够理解阅读的知识（方法），主要依靠阅读“单篇短什”；能够运用阅读的知识（方法），主要依靠阅读“长篇巨著”即“整本书”。

（二）语文教材："除单篇的文字而外"，兼采"整本的书"

达成国文教学目标要"凭借"教材，教材包括"单篇短什"和"长篇巨著"，或者说"选文"与"专书"。"单篇短什"对应目标的"知识"（"理解"）层次，"长篇巨著"对应目标的"习惯"（"运用"）层次。知识不能凭空得到，习惯不能凭空养成，必须有所凭借。知识获得需要"做细琢细磨的研讨功夫"，所以选文不宜篇幅太长。养成习惯必须"反复的历练"，所以需要读"长篇巨著"。整体而言，学生在阅读"单篇短什"时获得种种知识（方法），在阅读"长篇巨著"时应用这些知识（方法），最终达成阅读领域两个层次水平的目标。

> 阅读书籍的习惯不能凭空养成，欣赏文学的能力不能凭空培植，写作文章的技能不能凭空训练。国文教学所以要用课本或选文，就在将课本或选文作为凭借，然后种种工作得以着手。课本里收的，选文入选的，都是单篇短什，没有长篇巨著。这并不是说学生读一些单篇短什就够了。只因单篇短什分量不多，要做细琢细磨的研读功夫正宜从此入手；一篇读毕，又来一篇，涉及的方面既不嫌偏颇，阅读的兴趣也不致单调，所以取作精读的教材。学生从精读方面得到种种经验，应用这些经验，自己去读长篇巨著以及其他的单篇短什，不再需要教师的详细指导（不是说不需要指导），这就是"略读"。就教学而言，精读是主体，略读只是补充；但就效果而言，精读是准备，略读才是应用。（原载 1941 年《文史教学》第 1 期《论国文精读指导不只是逐句讲解》，有修订）
>
> 知识不能凭空得到，习惯不能凭空养成，必须有所凭借。

那凭借就是国文教本。国文教本中排列着一篇篇的文章，使学生试去理解它们，理解不了的，由教师给与帮助（教师不教学生先自设法理解，而只是一篇篇讲给学生听，这并非最妥当的帮助）；从这里，学生得到了阅读的知识。……这里有一点必须注意。国文教本为了要供学生试去理解，试去揣摩，分量就不能太多，篇幅也不能太长；太多太长了，不适宜于做细琢细磨的研讨功夫。但是要养成一种习惯，必须经过反复的历练。单凭一部国文教本，是够不上说反复的历练的。所以必须在国文教本以外再看其他的书，越多越好。应用研读国文教本得来的知识，去对付其他的书，这才是反复的历练。（原载 1942 年《国文杂志》第 1 期《略谈学习国文》，有修订）

学生在校的时候，为了需要与兴趣，须在课本或选文以外阅读旁的书籍文章；他日出校之后，为了需要与兴趣，一辈子须阅读各种书籍文章；这种阅读都是所谓应用。使学生在这方面打定根基，养成习惯，全在国文课的略读。如果只注意精读，而忽略了略读，功夫便只做得一半。其弊害是想象得到的，学生遇到需要阅读的书籍文章，也许会因没有教师在旁作精读那样的详细指导，而致无所措手。现在一般学校，忽略了略读的似乎不少，这是必须改正的。（商务印书馆《略读指导举隅》前言）

考察当时实际教学状况，叶圣陶指出学生并不读“整本的书”。尽管课程标准的“实施方法概要”列着“略读书籍”的门类，高中部分特别提出“专书精读”与“选文精读”并列，但是多数学校并没有实际实施，学生只是读了国文教材里的单篇短章。不读整本的书，难以达成“养成读书习惯”的目标，叶圣陶为了纠正教学实践的严重问题，甚至在《论中学国文课程的改订》（1942）一文中提出“国文教材似乎该用整本的书，而不该用单篇短章”，“退一步说，也该把整本的书作主体，把单篇短章作辅佐”。[①]1948年8月，叶圣陶担任华北人民政府教育部教科书编审委员会主任委员，草拟了一份《中学语文科课程标准》，在“教材”部分仍然强调中学语文教材除单篇的文字而外，兼采书本的一章一节，高中阶段兼采现代语的整本的书。[②]

> 试问，要养成读书习惯而不教他们读整本的书，那习惯怎么养得成？我们固然可以说，单篇短章和整本的书原不是性质各异的两种东西；单篇短章分量少，便于精密的剖析，能够了解单篇短章，也就能够了解整本的书，但是，平时教学单篇短章，每周至多两篇，以字数计，至多不过四五千字；像这样迟缓的进度，哪里是读书习惯所许可的？并且，读惯了单篇短章，老是局促在小规模的范围之中，魄力就不大了；等遇到规模较大的东西，就说是两百页的一本小书吧，将会感到不容易对付。这又哪里说得上养成读书习惯？（原载1942年《国文月刊》第15期《论中学国文课程的改订》，有修订）

---

① 叶绍钧：《论中学国文课程的改订》，《国文月刊》1942年第15期，第42页。叶圣陶原名叶绍钧，此文发表时署名叶绍钧。下同。

② 中国教育科学研究院：《叶圣陶语文教育论集》，教育科学出版社2015年版，第149页。

（三）教学方法：“精读是准备，略读才是应用”

获得阅读知识，主要凭借精读“单篇短章”；养成阅读习惯，主要凭借略读“长篇巨著”。“单篇短章”与“长篇巨著”分别如何具体指导呢？显然，不能采用文言文教学时逐句讲解的方法，同时要区分“单篇短章”与“长篇巨著”的差异。因此，“精读”与“略读”这组概念成为“叶圣陶整本书阅读教学观”的重要内容。叶圣陶主张的“略读”是列入正式教学计划的一种教学形式，不等同于今天所说的作为一种阅读方式的“略读”。

1.“精读”“略读”概念的提出

“精读”“略读”概念出现在1923年新学制课程标准纲要颁布前后，概念的提出最初与白话文进入语文教材相关。蔡元培《国文之将来》（1919）、胡适《中学国文的教授》（1920）都提出小说、戏剧、长篇的议论文和学术文进入语文教材。胡适认为“单靠七八十篇的古文选本，决不能教到什么成绩”。[①]周予同在《对于普通中学国文课程与教材的建议》（1922）中也提及胡适的观点，“从前的中学国文所以没有成效，正因为中学堂用的书只有那几本薄薄的古文读本”。[②]何仲英《国语文底教材与小说》（1920）论证了以白话小说作为国语文主要教材的必要性和可得性，并选择10部古代白话小说一一做了分析，可以看作胡适主张的补充和发展。沈仲九在《中学国文教授的一个问题》（1924）一文中曾经总结道，“这几年来的中

① 胡适：《中学国文的教授》// 顾黄初，李杏保.《二十世纪前期中国语文教育论集》，四川教育出版社1991年版，第122页。

② 周予同：《对于普通中学国文课程与教材的建议》// 顾黄初，李杏保.《二十世纪前期中国语文教育论集》，四川教育出版社1991年版，第185页。

学国文教授”的进步，其中一个方面就是“教材的范围”突破了以前“只用六经诸子以及唐、宋、明、清的古文；至于小说、戏曲和国语文，不但不教，而且禁止学生阅看”[1]的状况。从当时实际语文教材来看，教材编写体例和内容组合等方面正不断走向成熟，“虽然小学国文改国语的呼声不断高涨，但是并没有系统的整套国语教科书的编辑出版，大部分教材仍为文言读本”，“也出现了一些文言语体混合编写的教材”。[2]由此可见，经过文白之争，1923 年新学制课程标准纲要颁布之前，已经有一些白话小说、戏剧、长篇的议论文和学术文进入语文教材。

白话文教学方法当然与文言文教学方法有所区别。关于白话文怎么教，胡适提出“千万不要在课堂上讲书”，“提倡自己看书”。[3]1922 年，周予同为配合全国教育会联合会制定中小学各科课程纲要之需，在《教育杂志》上组织各科专家进行课程问题的讨论，他十分认同胡适用“看书”来代替“讲读”的观点，但他主张“看书”和“讲读”都不可偏废。“看书”是偏重于学生自修方面；“讲读”是偏重教师指导方面。但是“看书”完全让学生自己去窥探，结果恐怕是“事倍功半”，因而他主张设“阅书质疑”一科。[4]此时提出的“看书”与“质疑”是针对白话文与文言文的区别而言的。

---

① 沈仲九：《中学国文教授的一个问题》// 顾黄初，李杏保 .《二十世纪前期中国语文教育论集》，四川教育出版社 1991 年版，第 301 页。

② 闫苹，张雯主编：《民国时期小学语文教科书评介》，语文出版社 2009 年版，第 2—3 页。

③ 胡适：《中学国文的教授》// 顾黄初，李杏保 .《二十世纪前期中国语文教育论集》，四川教育出版社 1991 年版，第 122 页。

④ 周予同：《对于普通中学国文课程与教材的建议》// 顾黄初，李杏保 .《二十世纪前期中国语文教育论集》，四川教育出版社 1991 年版，第 185 页。

1924年，孟宪承紧扣《课程纲要》，在《初中国文之教学》一文中提出“略读”与“精读”这组概念，谈了“略读”与“精读”怎么教。他依然从文言文与白话文的区别出发，指出“精读”与“略读”的区别在于“记忆”与“敏捷”。孟宪承指出《课程纲要》里所谓“读书”分二种：①精读选文（由教师拣定书本），详细诵习研究；大半在上课时直接讨论。②略读整部的名著（由教师指定数种），选用笔记，求得其大意；大半由学生自修，一部分在上课时讨论。关于上述提及的两类教材，孟宪承认为“精读选文”宜以文言文为中心，“略读整部的名著”则除散文、诗歌、小说、戏剧外，宜分年择定一种平易的古书，如《论语》《孟子》《左传》等的选本。精读与略读都提到“讨论”，孟宪承认为略读教材的“讨论”，事前要有适当的指导，事后要有切实的考查。指导的事项包括：①读什么书？②怎样读（计划和方法）？③有什么特别意义要指示的？④有什么特别困难要讨论或说明的？考查的方法，则或令学生做阅书画记，或由学生在上课时轮流提出口头报告。假如每周上课时间略读占两小时，则读书指导约占一小时，而考查试验也约占一小时。略读能够使人养成“敏捷”的读书能力。精读教材的“讨论”，当然需要相当的指示，却不须逐字逐句的讲解，而是要对文章的背景与大意、文法上与修辞上的特点，做一个扼要的有趣味的说明，做一番有力的介绍，使学生热烈地要去读，读了欲罢不能地要去玩索。“精读”可以解释为“熟读精思”，包括“记忆”与“理解”两个要素。①孟宪承用传统的熟读精思来阐述“精读”概念，认为精读宜以文言文为中心，略读则

① 孟宪承：《初中国文之教学》//顾黄初，李杏保.《二十世纪前期中国语文教育论集》，四川教育出版社1991年版，第324—325页。

可以是白话文或平易的古书。

《教育杂志》1924 年开展中学课程建设讨论，朱经农在《对于初中课程的讨论·国语科的内容》一文中也持相近观点。他认为阅读要分两种：一种是“精读”，一种是“略读”，照“新学制课程标准起草委员会”所下定义，所谓“精读”，乃由学生详细诵习，反复研究，其大部分须于上课时直接讨论。所谓“略读”，乃由教员指定书籍数种，令学生自修；阅读之时，参用笔记，但求得其大意，便可以为满足；上课的时候，只须提出要点，酌加讨论而已。[①]因文白之争，语体文与文言文在语文教材中并存，此时提到的“精读”与“略读”指的主要是上述根据文言文与语体文的区别，选择的“精读”与“略读”两种不同的教学方法。

2.“精读”“略读”概念的内涵

叶圣陶与朱自清在 20 世纪 40 年代初期编著了《精读指导举隅》与《略读指导举隅》，对“精读”与“略读”概念重新进行了系统阐述。叶圣陶与朱自清对于“精读”与“略读”的理解，不是站在区分文言与白话教学方法的角度，而是站在实现国文教学目标不同层次水平的角度。早在 1922 年，叶圣陶就主张养成读书习惯有赖于教材以外的书籍。“此等书籍，但须泛览，不必精读。”[②]1925 年，朱自清在《中等学校国文教学的几个问题》一文里，尽管没有讨论“精读”与“略读”，但是讨论了教材“选文”与“课外阅书”，认为“用选文指

---

① 朱经农：《对于初中课程的讨论·国语科的内容》// 顾黄初，李杏保 .《二十世纪前期中国语文教育论集》，四川教育出版社 1991 年版，第 332 页。

② 叶绍钧：《小学国文教授的诸问题》// 顾黄初，李杏保 .《二十世纪前期中国语文教育论集》，四川教育出版社 1990 年版，第 175 页。

示方法，用课外阅书俾学生无意之中运用所习的方法”。[1]从本质上看，叶圣陶与朱自清的观点非常接近，“精读”与“略读”既是教学方法，也是实现国文教学目标的两条路径。

精读指导，大体上可以分为课前预习、课堂讨论和课后练习三项。课前预习又包括通读全文、认识生字生词、解答教师所提示的问题三项；课后练习指导又包括吟诵、参读相关的文章、应对教师的考问三项。关于精读指导，有两个值得关注的方面。第一个方面，叶圣陶没有将精读与文言文之间建立必然联系。《精读指导举隅》选取六篇课文为例进行指导，其中文言作品两篇，白话作品四篇。白话作品包括记叙文、短篇小说、抒情散文、说明文各一篇。第二个方面，叶圣陶尤其注重区分“精读”与文言文教学的“讲解”，因此特别撰写了《论国文精读指导不只是逐句讲解》一文。精读的目的在于让学生获得阅读方法。

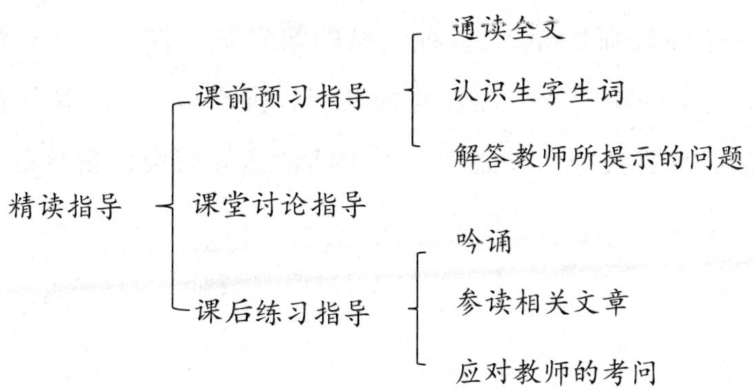

图 1　精读指导结构图

① 朱自清：《中等学校国文教学的几个问题》// 顾黄初，李杏保 .《二十世纪前期中国语文教育论集》，四川教育出版社 1990 年版，第 359 页。

略读指导，大体可以分为读书前的指导，组织学生阅读、参考、研究并做笔记，课内报告并讨论，读书成绩考查四项。读书前的指导又包括版本指导、序目指导、参考书籍指导、阅读方法指导和问题指导五个方面。读书所做笔记可分为两大部分：一部分是碎屑式的摘录，一部分是完整的心得，即“读书报告”或“研究报告”。“学生课内报告并讨论”既包括阅读一书中某一部分的实际经验，也指全书读完，做关于全书的总报告与总讨论。关于略读指导，叶圣陶也强调了两个方面：第一个方面是要正确理解“略读”的“略”字。“略”不是“粗略的”阅读、“忽略的”阅读。《略读指导举隅》中认为，“‘略读’的‘略’字，一半系就教师的指导而言：还是要指导，但是只须提纲挈领，不必纤屑不遗，所以叫做‘略’。一半系就学生的功夫而言：还是要像精读那样仔细咬嚼，但精读时候出于努力钻研，从困勉达到解悟，略读时候却已熟能生巧，不需多用心力，自会随机肆应，所以叫做‘略’”。[①]第二个方面是略读同样需要教师指导。“各种学科的教学都一样，无非教师帮着学生学习的一串过程。略读是国文课程标准里面规定的正项工作，哪有不需要教师指导之理？不过略读指导与精读指导自有不同。”[②]

① 叶圣陶、朱自清：《精读指导举隅　略读指导举隅》，河南教育出版社 1989 年版，第 143 页。

② 同上，第 142 页。

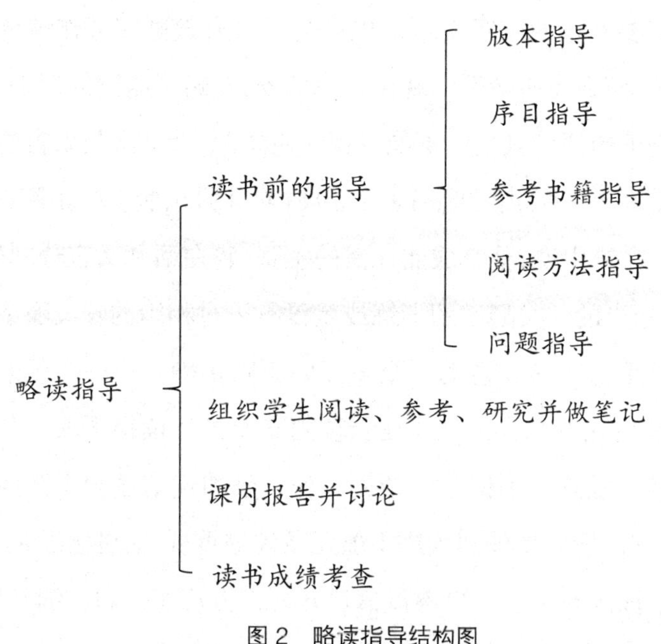

图 2 略读指导结构图

3.“精读”“略读”概念的关系

精读指导与略读指导的关系，叶圣陶在《略读指导举隅》前言里打了一个比方，“学生从精读而略读，譬如孩子学走路，起初由大人扶着牵着，渐渐的大人把手放了，只在旁边遮拦着，替他规定路向，防他偶或跌交。大人在旁边遮拦着，正与扶着牵着一样的需要当心，其目的惟在孩子步履纯熟，能够自由走路。精读时候，教师给学生纤屑不遗的指导，略读时候，更给学生提纲挈领的指导，其目的惟在学生习惯养成，能够自由阅读”。[①]同时，叶圣陶特别强调不可忽视略读，也不可忽视“讲读”。首先，不能忽视“略读”。“如果只注意精读，而忽略了略读，功夫便只做得一半。其弊害是想象得到的，

① 叶圣陶、朱自清：《精读指导举隅 略读指导举隅》，河南教育出版社 1989 年版，第 142 页。

学生遇到需要阅读的书籍文章，也许会因没有教师在旁作精读那样的详细指导，而致无所措手。现在一般学校，忽略了略读的似乎不少，这是必须改正的。”[①]其次，不能忽视“讲读”。叶圣陶与朱自清合著的《国文教学》一书，由开明书店于1945年4月出版。叶圣陶在《国文教学》的序言中说，他赞成浦江清的主张，将白话和文言分别教学。“没有受过相当的咬文嚼字的训练或是没有下过相当的咬文嚼字的工夫的人，是不能了解大意的，至少了解不够正确。……一般人的阅读大概都是只观大意，并且往往随读随忘；虽然读得很快，却是毫无用处。随读随忘，不但不能帮助写作，恐怕连增进知识和经验的效果也不会有。所以课外阅读决不能无条件的重视，而讲读还是基本。不过讲读不该逐句讲解，更不该信口开河，得切实计划，细心启发，让学生们多讨论，多练习，才能有合乎课程标准的效率。”[②]

“叶圣陶整本书阅读教学观”是整个20世纪最具代表性的“整本书阅读与研讨”研究成果，整体阐述了为什么阅读“整本书”、阅读“整本书”的方式以及“整本书”与单篇之间的关系，极具指导与借鉴意义。“整本书阅读与研讨”的学科定位要依据语文学科的性质，要服从语文教学的目的。叶圣陶将“整本书阅读与研讨”的价值放在与“精读选文”的关系中进行阐释。具体而言，“精读选文”与“略读专书”是“知”与“行”的关系，“精读选文”是“知”，“略读专书”是“行”。叶圣陶认为，“语言文字的学习，出发点在‘知’，而终极点在‘行’；到能够‘行’的地步，才算具有这种生活的能

① 叶圣陶、朱自清：《精读指导举隅　略读指导举隅》，河南教育出版社1989年版，第141—142页。

② 叶绍钧、朱自清：《国文教学》，开明书店1945年版，第3—4页。

力”。[①]“整本书阅读与研讨”的价值在于“行”,通过“行”（运用），学生“养成读书习惯”。时隔70年，《义务教育语文课程标准（2011年版）》认为，“语文课程是一门学习语言文字运用的综合性、实践性课程”，其中“实践性”需要多读多写、日积月累，与叶圣陶强调的“整本书阅读”的价值一脉相承。70年后才重新得到强调，可见叶圣陶所强调的“整本书阅读”的价值其实一直没有得到足够重视。

第二节 反思：“整本书阅读与研讨”的历史经验与存在问题

历史意识在人文社会科学研究中具有把握研究对象的历史发展脉络，找到研究的思路和视角，最终确定研究问题的作用。综观“整本书阅读与研讨”的发展脉络，有两个方面值得深思。第一个方面，“整本书阅读与研讨”的历史变迁中积累了哪些可供借鉴的经验；第二个方面，“整本书阅读与研讨”的历史变迁存在哪些需要进一步解决的问题。

一、梳理“整本书阅读与研讨”的课程价值

“整本书阅读与研讨”的历史经验之一是叶圣陶对于“整本书阅读与研讨”课程价值的认识。叶圣陶没有孤立地看待“整本书阅读与研讨”的课程价值，而是把“专书”与“选文”放在一起讨论，

---

① 叶绍钧：《略谈学习国文》,《国文杂志》1942年第1期，第3页。

从而确定“专书”具有“选文”不可替代的课程价值。叶圣陶以“知”与“行”作为其理论基础。知行问题，是中国哲学史上的重要问题，归纳起来有三个方面：一是知行先后问题；二是知行关系问题；三是知行难易问题。中国古代虽然对这些问题有过不少争论，但是从来没有予以彻底解决。历代思想家对“知”与“行”含义的理解也不尽相同。叶圣陶的论述主要集中在知行关系方面，认为应由理性的“知”指导“行”。他认为，“选文阅读”的课程价值在于“知”，“专书阅读”的课程价值在于“行”，并且建构了包括价值、目标、教材、方法的系统观点。在叶圣陶的整体构想中，“专书”具有特定的课程价值，并不是可有可无的存在。

表 2　叶圣陶整本书阅读与研讨教学观

	选文	专书
课程价值	知	行
课程目标	知识	习惯
教学内容	理解	运用
教学方法	精读	略读

从百余年间各种语文课程标准的规定来看，没有一份语文课程文件完全舍弃“整本书阅读”的价值。即使在“整本书阅读”被弱化阶段，1963 年《全日制中学语文教学大纲（草案）》仍然强调：“提高学生的语文水平，一方面要让学生精读课文，另一方面要让学生广泛地阅读。古人说：‘读书破万卷，下笔如有神。’只读课本，不广泛涉猎，总是不够的。因此，必须加强课外阅读指导。课外阅读指导，主要是选择有益的读物，提示阅读的方法，培养读书的习惯，协助组织一些读书活动。”可见，语文教育界认同叶圣陶对于“整本

书阅读与研讨”课程价值的理解。

叶圣陶对于“整本书阅读与研讨”课程价值的认识中，也存在没有解决的问题。20 世纪 20 年代、30 年代、40 年代的语文课程标准中，高中阶段除了“精读选文”，还要求“精读专书”，同时要求“略读专书”，“精读选文”与“精读专书”是否也是“知”与“行”的关系？叶圣陶曾在 1942 年《论中学国文课程的改订》中谈及：“读惯了单篇短章，老是局促在小规模的范围之中，魄力就不大了；等到遇见规模较大的东西，就说是两百页的一本小书吧，将会感到不容易对付。”如果“知”在“精读选文”时可以掌握，为什么阅读整本书会出现“不容易对付”的问题？“精读专书”是否也有叶圣陶所说的“知”的部分？再从知行关系来看，知与行的关系是否只是简单的“知”指导“行”的关系？在语文课程中，“行”决定“知”还是“知”决定“行”？这些问题都需要进一步深入思考与研究。“整本书阅读与研讨”没有真正得以落实的本质原因是人们没有全面、深刻地认识“整本书阅读与研讨”的全部发展价值。1942 年，叶圣陶指出：“现在有许多学生，除了教本以外，不再接触什么书，这是不对的。”[①]而 2012 年，温儒敏说：“现在普遍的情况是，对课外阅读并不重视，甚至放弃了，这样的阅读教学只能是半截子的，不完整的。”[②]时隔整整 70 年，这个问题一直没有得到真正解决。

---

① 中国教育科学研究院：《叶圣陶语文教育论集》，教育科学出版社 2015 年版，第 3 页。

② 温儒敏：《忽视课外阅读，语文课就只是半截子的》，《课程·教材·教法》2012 年第 1 期，第 49 页。

二、加强“整本书阅读与研讨”的课程建设

“整本书阅读与研讨”的另一条历史经验与“整本书阅读与研讨”的课程实施状况和课程标准对于“整本书阅读与研讨”的规定性密切相关。从“整本书阅读与研讨”的历史发展脉络来看，“整本书阅读与研讨”的学科定位变化不是表现在对于其价值的肯定与否认，而是表现在对于实施举措要求的明显不同上。课程标准中的要求有一些是规定性高的硬指标，比如课时要求、评价要求；有一些则是规定性不高的软指标。郑桂华认为：“课程标准要求阅读教学‘要重视培养学生广泛的阅读兴趣，扩大阅读面，增加阅读量，提高阅读品位，提倡少做题，多读书，好读书，读好书，读整本的书。加强对课外阅读的指导，开展各种课外阅读活动’，这些要求的规定性都不高，难以真正落实到教学中。”[①]新中国成立后至 20 世纪末，“整本书阅读与研讨”在我国中小学语文课程中长期未能取得应有的地位，“整本书阅读与研讨”对学生的发展价值，需要由课程标准中具有约束力的指标来保证。

课程标准表述需要加强对“整本书阅读与研讨”的约束性。首先，需要赋予“整本书阅读与研讨”课堂教学地位，即规定课时、学分等相关内容，这一方面《普通高中语文课程标准（2017 年版）》已经做了及时的调整与修订；还应重视“整本书阅读与研讨”的评价要求。根据教育学学科逻辑，理应“教什么”才“考什么”；但是在实际生活中，受功利主义逻辑影响，往往是“考什么”才“教什么”。

---

① 郑桂华：《整本书阅读：应为和可为》，《语文学习》2016 年第 7 期，第 6 页。

最近几年，北京、福建、浙江、江苏、湖北等省市语文高考加入了文学名著和文化典籍阅读的相关题目，对学校名著阅读状况产生了不小的影响。当然，这些试卷中关于名著的考试内容，有些还是以知识或细节记忆为主，相关题目需要进一步研制。从学科角度而言，对“整本书阅读与研讨”的教学内容，理应在评价部分做出相应规定。从现实角度来看，要改变“整本书阅读与研讨”被忽视的现状，重视评价能收获良好效果。

其次，课程标准表述中需要加强“整本书阅读与研讨”的系统规划。在12年基础教育过程中，“整本书阅读与研讨”并非仅仅需要在某一个学段得到重视，因此必须加强各个学段的系统规划与衔接。一些学校，因为中考与高考有“整本书阅读与研讨”相关内容，只在中考与高考前对之加强重视。另一些学校，因为中考与高考中没有“整本书阅读与研讨”相关内容，则不鼓励学生阅读整本书。为了避免出现课程实施围绕课程评价转的状况，应该做好各个学段的整体要求与规划。从课程建设的角度，“整本书阅读与研讨”在课程计划阶段考虑得越细致，在课程实施阶段得到落实的希望越大。

三、探索“整本书阅读与研讨”的教学指导

从课程实施的角度来看，影响“整本书阅读与研讨”落实的直接因素是教学指导。“整本书阅读与研讨”在教学指导层面，受到多个因素的阻碍。第一，“班级授课制”给“整本书阅读与研讨”指导带来困难。早在1世纪，罗马教育家昆体良的教育思想中就有班级授课制的萌芽。17世纪捷克大教育家夸美纽斯从理论上对班级授课

制进行总结与论证，19 世纪德国教育家赫尔巴特又从心理学角度使班级授课制的教学过程更加明确。19 世纪中叶，班级授课制已经成为西方学校普遍采用的教学组织形式。班级授课制能够多快好省地培养大量人才，强有力地推动了资本主义国家工业化的进程，并在全世界范围内逐渐推广开来。目前为止，班级授课制是我国及世界各国中小学最常用的教学组织形式。班级授课制具有鲜明的特点：教学时间空间统一，教学内容统一。这样减少个别教学对教师资源的浪费，有利于知识的系统学习。但是随着社会经济的迅速发展和科学文化水平的不断提高，传统班级授课制的弊端日益明显。“大面积插秧”的做法忽视了学生的主体性，过多的课堂讲授导致教学内容与社会实践严重脱节，教师主导的教学活动忽视了与学生的情感交流，单纯的知识传授已不能满足信息化时代的学习需要。“整本书阅读与研讨”强调学生根据自己的兴趣选择阅读书目，学生按照自己的时间安排阅读，大量进行独立阅读实践。教师指导以什么样的形式把学生组织起来，又通过什么形式与学生发生联系？是个别的，还是班级的？是固定的，还是灵活变动的？教学活动如何安排？教学时间如何规定和分配？如果一线教师只采用“班级授课制”这种单一的教学组织形式，显然无法满足“整本书阅读与研讨”的教学指导要求。

第二，“讲解分析”与“整本书阅读与研讨”指导存在矛盾。我国中小学阅读教学深受两种教学方法的影响。第一种是“讲读”法，以逐句讲解为主要特征，讲完了学生自己去诵读。这是我国传统的语文教学方法，千百年来一直沿用，直至清末“读经讲经”时期依然如此。第二种是“红领巾”教学法。20 世纪 50 年代初期，学校语文教材内容已经发生很大改变，但是语文教师依然深受传统“讲读法”影响。苏联专家指出这一问题，反对逐字逐句讲解，主张谈话法和讲解法，这种教学方法被称为“红领巾”教学法。我国中小学语文教师至今仍有较大比例在采用“红领巾”教学法。因此，中小学阅读教学方式长期以来以教师讲解分析为主，而讲解分析不适用于篇幅太长的文章。1963 年《全日制中学语文教学大纲（草案）》明确规定：“课文宜于短小精悍，读起来琅琅上口。长篇作品，采用节选的办法；较长的文章，也应该在不损伤原文精华的情况下略加删节。”1980 年的《全日制十年制学校中学语文教学大纲（试行草案）》还是存在类似规定，“课文的篇幅不宜过长，根据教学的需要，有些长文章可以节选”。语文教师习惯了长期讲解单篇短章，面对整本书的篇幅便不知如何处理。如果将整本书拆成一篇一篇讲，显然教学时间不够；如果节选其中一部分来讲，又算不上是整本书阅读。因此，“整本书阅读与研讨”中如何进行教学指导是亟须解决的问题。

郑桂华指出：“在当前背景下讨论‘如何进行整本书的阅读’这个话题，说的不应是纯粹的关于一本书的阅读技巧问题。单是读书技巧，现成的有《如何阅读一本书》等书籍可参考，还有‘怎样读小说’‘怎样读诗歌’‘怎样读散文’‘怎样读古文’‘读书百法’等许多指导读书的书籍，甚至连‘怎样读鲁迅’都有，可谓‘前人之述备矣’。这个话题隐含着对语文阅读教学甚至整个社会阅读生态的疑虑或不满。”[①]这段话包括两层含义：第一层含义是，探讨“整本书阅读与研讨”不仅仅是为了解决技术操作层面的问题，其中还隐含

① 郑桂华：《整本书阅读：应为和可为》，《语文学习》2016 年第 7 期，第 4 页。

着对“语文阅读教学”的疑虑和对于语文课程现有框架的思考。如果语文课程现有框架不能改变语文教学少、慢、差、费的状况，那么教师需要进行一些突破现有框架的尝试。“整本书阅读与研讨”也许能够成为突破口之一。第二层含义是，“整本书阅读与研讨”研究中隐含的对于整个“社会阅读生态”的不满与语文教育问题密切相关。语文阅读教学与社会阅读生态相互影响，全社会的阅读氛围能影响学生的阅读态度、阅读习惯、阅读品位等；反之，语文阅读教学也影响全社会的阅读生态，如果学校培养出的学生都没有阅读习惯，很难期待他们走上社会后会热爱阅读、坚持阅读。尽管全社会阅读生态问题不能完全依靠教育来解决，但是教育者有不可推卸的重任。

第二章
“整本书阅读与研讨”的美国经验：培养终身阅读者

尽管中美两国文字分属表意文字与拼音文字两种不同的文字系统，但这不妨碍中美两国母语教育拥有一些共通的价值追求。在历史上，美国母语教育始终注重语言的实际运用，自 20 世纪 70 年代以来，培养阅读素养一直是美国重要的教育目标之一。他山之石，可以攻玉，本章以美国哥伦比亚大学师范学院阅读与写作项目（Teachers College Reading and Writing Project，以下简称 TCRWP）为例，探讨美国“整本书阅读与研讨”的理论框架与实践模型。TCRWP 由该项目负责人露西·麦考密克·卡尔金斯（Lucy McCormick Calkins）创立于 20 世纪 80 年代，致力于提高中小学生的阅读和写作素养，切实加快中小学生的学习进步与发展。TCRWP 目前已经成为全美广泛认可的阅读与写作教学研究的知名品牌，有两百多所学校参与其中。

第一节　TCRWP 的课程目标

美国著名阅读研究与推广者吉姆·崔利斯（Jim Trelease）曾经

提出一个重要问题："学校的目标是培养终身阅读者，培养那些毕业后仍然愿意阅读以及自学的人，但学生并没有成为那样的人。这就是对学校教育最严厉的控诉。"①如何解决"培养终身阅读者"的教学目标与"培养应试阅读者"的教学事实之间的对立，TCRWP 的课程理念与实践模型提供了详细的解决方案。

一、背景：阅读是美国教育政策的主轴

20 世纪 50—60 年代，美国电视文化飞速发展，社会上一度形成一种"阅读能力不重要"的观念。与此同时，要素主义在美国教育界兴起。要素主义批判以儿童为中心的实用主义教育，认为其忽视系统文化知识教学，降低了教师作用，造成教学质量和学生文化知识水平严重下降的后果，倡导数学、自然科学、外语"新三艺"，语言艺术课被排挤。

1981 年秋，里根政府授权成立了"美国高质量教育委员会"（The National Commission on Excellence in Education）。1983 年 4 月，该委员会提交了《国家处在危机中：教育改革势在必行》（A Nation at Risk: The Imperative for Educational Reform）教育报告。该报告的第一部分为"危机及迹象"，列举了 13 项证明教育处在危机中的证据，包括：日常阅读、写作和理解测试显示大约有 2300 万名美国成年人处于半文盲状态；在美国 17 岁的青年中，有 13% 是半文盲，少数民族青年中的半文盲数可能会上升至 40%；大学入学考试委员会

---

① ［美］吉姆·崔利斯：《朗读手册（最终修订版）》，陈冰译，新星出版社 2016 年版，第 28—29 页。

主办的学术能力评估测试（Scholastic Assessment Test，SAT）显示，从 1963 年至 1980 年学生的成绩持续下降，其中语言测验平均分下降超过 50 分。[①]由于教育水平及教育质量的下降已经严重威胁到美国整个国家的未来，因而教育改革势在必行。报告的第三部分是主体部分，包括调查的结果和建议，其中提及了加强中学五门“新基础课”（英语、数学、自然科学、社会科学及计算机）的教学改革大趋势。其中，中学英语教学应该使学生能够：①理解、解释、评价和运用他们所读的内容。②写出结构清晰、有说服力的文章。③有效地聆听别人的观点并理智地参与讨论。④了解英语文学传统，了解它是如何提高人们的想象力及对道德伦理产生作用的，明白它是如何与当前生活和文化中的各种习俗、观念和价值观联系在一起的。自此，里根政府确立了强化英语语言教育的改革基调，并且此基调受到此后历届美国政府的肯定。

1991 年，老布什政府签发了时任教育部部长亚历山大起草的《美国 2000 年教育战略》。文件提出了 2000 年全美六大教育目标，其中第五个目标为：每个成年美国人将能读书写字，并将掌握在全球经济中进行竞争的本领和责任。继老布什之后，克林顿政府对于阅读教育改革的力度进一步加大，改革的形式也更为多样化。1993 年克林顿签署的《2000 年目标：美国教育法》又重申了《美国 2000 年教育战略》中的读写目标，并拨款制定了英语语言艺术标准，规定了所有学生在 21 世纪应该具备哪些读写知识和读写能力。1997 年，克林顿发起“美国阅读挑战”（America Reads Challenge）运动，致

① 王学玢：《1983 年〈国家处在危机中〉教育报告与美国教育改革研究》，安徽师范大学硕士学位论文，2017 年，第 37—38 页。

力于帮助儿童在三年级结束前能够独立、流利地阅读。全国的学校、图书馆、宗教机构、社区、公立组织、媒体等共同协助全国的儿童参与阅读挑战计划，努力使每个儿童在阅读方面获得成功。同时，为了配合阅读挑战运动，克林顿还提出了“美国阅读工读计划”（America Reads Work-study Program），让大学生和研究生也参与提升小学和学前儿童阅读能力的活动。1998年，克林顿签署了《阅读卓越法案》（Reading Excellence Act），标志着美国正式将阅读教育从政策层面纳入法制层面。该法案以处于最关键时期最需要额外帮助的孩子为对象，旨在让所有孩子成为优秀阅读者。克林顿还依照该法案对《中小学教育法》（The Elementary and Secondary Education Act）第二款的相关内容进行了修改，加入有关阅读方面的条文。1999年，美国众议院又通过了“阅读卓越计划”（The Reading Excellence Program），配套《阅读卓越法案》实施。

2002年，小布什政府签署的《不让一个孩子掉队》（No Child Left Behind，缩写为NCLB）法案专门就阅读问题制订了两项方案，一项是针对学前班到小学三年级（Pre-K3）儿童的“阅读优先”（Reading First）计划；另一项是专门针对学前儿童的“早期阅读优先”（Early Reading First）计划。直到2010年，美国每年投入大量的财政经费，用于支持贫困地区学校的阅读教育、阅读项目等。效仿克林顿政府，小布什政府于2001年暑假前也计划并开展了“暑假阅读活动”（Summer Reading Campaign），提出“前所未有的阅读假期”（No Such Things As A Vacation From Reading）的口号，鼓励父母儿童在假期中共同阅读，希望儿童通过该活动好好利用暑期进行阅读，维持并提高阅读能力，从阅读中获得乐趣，养成终身阅读的习惯。

从“阅读优先”及“早期阅读优先”计划的评估结果来看，小布什政府的阅读教育改革在部分年段和部分方面取得了一定的成绩，但美国儿童的阅读能力水平离优秀还有较大的距离。2009 年，即将卸任的小布什在费城的一所公立学校发表了最后一次施政演说，将《不让一个孩子掉队》法案视为自己最重要的成就，呼吁下一届政府不要弱化这部法案。

2009 年 1 月就任的奥巴马，于 2009 年 2 月签署《美国复苏和再投资法案》(American Recovery and Reinvestment Act)，提出了提高学生读写能力的综合性计划，规定在小学阶段开展广泛的阅读活动，实施新的阅读课程，力求进一步提高儿童的阅读能力。相比较而言，奥巴马的阅读教育改革行动覆盖的范围更大，囊括了美国儿童从出生到 12 年级的所有阶段。他关注学前教育领域，推动 0—5 岁计划 (Zero to Five Plan)，让儿童更早参与学校教育。针对高年级阅读成绩停滞不前的问题，将阅读教育计划延伸到高中，制订了 K—12 读写教育计划。2010 年，奥巴马政府提出《改革蓝图：重新授权中小学教育法》(A Blueprint for Reform: The Reauthorization of the Elementary and Secondary Education Act)，与《不让一个孩子掉队》相比保留了原有的年度阅读评估和数学评估，并进一步提出在 2014 年之前使所有学生的阅读达到流利水平，还要求各州制订完整的 K—12 读写方案，提供有效的阅读教学和评估，促进学生阅读能力的不断提升。2008 年，奥巴马在竞选美国总统期间，曾抨击各州课程标准不一是导致美国基础教育在世界排名中持续滑落的主要原因。2010 年 6 月 2 日，全美州长协会 (National Governors Association) 和美国各州学校主管委员会 (the Council of Chief State School Office) 共同颁布了首部《共同核心课程标准》(Common Core State Standards)。本课程标准的要求有所提高，目的是提升美国基础教育质量的整体水平，为学生未来的发展打下较好的基础。这项标准由两份文件组成 :《共同核心数学标准》与《共同核心英语语言艺术与历史 / 社会、科学、技术学科中的读写标准》。后者加上三份附件，有近 600 页。这项标准面向 K—12 各年级所有的学生，只包括数学和英文两个学科，因为这两门科目所培养的技能是学习其他科目的基础。

长久以来，阅读都是美国教育政策的主轴。作为一个超级大国，美国在对未成年人阅读的推动以及投入上，堪称世界的先行者，并形成了集政策法规、机构标准、绩效评估、科学研究于一体的国家推广体系，积累了丰富的经验。

二、理念：TCRWP 以“培养终身阅读者”为目标

历时 15 年，哥伦比亚大学师范学院读写项目项目组成员进行了大量的阅读、教学、记录、研究和改革，不断修正和完善自己的想法。TCRWP 的成果集中体现在 2001 年出版的《阅读教学的艺术》(*The Art of Teaching Reading*) 一书中。

TCRWP 的课程目标包括两个方面 : 培养独立阅读者与培养终身阅读者。

（一）培养独立阅读者

阅读能力是学生基本素养的重要组成部分，培养独立阅读者一直是美国教育的重要目标之一。据“全美教育进展评估委员会”(the

National Assessment of Educational Progress）的统计，1994 年美国四年级的学生有 40% 达不到基本的阅读水平，非洲裔和西班牙裔学生的这一比例更是分别达到 69% 和 64%。①克林顿政府提出“美国阅读挑战”运动，旨在帮助儿童在三年级结束前达到学会独立、有效阅读的目标。为了培养独立阅读者，美国出版界与发行商研发了图书分级体系，影响力较大的有根据可读性规则或蓝思（Lexile）规则所建立的分级体系，分级的主要依据是对每个单词的音节或每个句子的单词进行公式化计算得出的结果；还有在指导性阅读或阅读恢复中确立的分级体系，分级的主要依据建立在对书本为读者所提供的信息来源的研究基础之上。

“培养独立阅读者”是 TCRWP 追求的重要课程目标之一。TCRWP 将学生划分为“独立阅读”、“在指导下阅读”和“阅读困难”三种阅读水平。学生在“独立阅读”水平下必须能够准确阅读书中 95% 的单词；要达到“在指导下阅读”水平则必须能准确破译书中 90% 到 94% 的内容；如果在意义理解、文字或阅读流畅性方面存在问题，则是“阅读困难”的表现。大多数情况下，阅读者的阅读准确率应该达到 90%。TCRWP 特别研究了针对“在指导下阅读”和“阅读困难”两种阅读水平学生的指导策略，帮助一些在识字、阅读理解和阅读流利度等方面有困难与不足的学生和他们所就读的学校找到方法达成阅读教学目标。

---

① 张燕、洪明：《从“早期阅读优先”计划看美国学前儿童阅读教育政策的特点与走向》，《学前教育研究》2010 年第 2 期，第 10 页。

（二）培养终身阅读者

TCRWP 不仅追求培养独立阅读者、培养成熟阅读者，更看重培养终身阅读者。TCRWP 负责人露西·麦考密克·卡尔金斯说：“我有预感，如果我面对面地问你们：‘阅读教学的真正目的是什么？’你会像我一样回答：‘我想让我的孩子成为终身阅读者。’有时，我觉得我们说这话的时候，没有意识到这正是教育者所能表述的最重要的目标之一。当我们说‘我的目标是终身阅读’时，实际上想表达的意思是：‘我的学生在旅行时会带着书，在假期中会读书，会要求订杂志作为生日礼物。你可以通过我的学生在生活中是否主动读书、是否把图书融入生活中认识的人和感兴趣的事情上来评判我的教学。’”①

TCRWP 认为“培养终身阅读者”意味着让学生过一种重视阅读的生活，让阅读成为学生的生活方式，或者说帮助学生构建阅读生活。总之，“培养终身阅读者”是让学生将“阅读”与自身的“生活”紧密联系。帮助学生成长为终身阅读者的办法不止一种，TCRWP 认为最简单、最有效且最能被广泛认可的办法，是让学生根据自己的目的和兴趣选择图书阅读，从每天的阅读中受益。如果不为学生提供开始独立阅读生活的机会，如果不教育学生过独立阅读生活，就无法肯定教学对学生产生了影响。

许多学生与书籍痛苦奋战多年，不只错过学校学习内容的绝大部分，而且一生都将阅读和痛苦联系在一起。教师要阻止这种痛苦的产生，让孩子爱上阅读，并使他们在毕业后继续阅读，成为终身

---

① ［美］露西·麦考密克·卡尔金斯：《如何创设适宜的阅读环境与课程？》，祝玉娟译，教育科学出版社 2018 年版，第 6 页。

阅读者。正如吉姆·崔利斯强调的，“我们教孩子去热爱与渴望的，远比我们要求孩子去学会的有价值得多”。[①]知之者不如好之者，好之者不如乐之者。TCRWP 的阅读教学始于帮助学生建立对阅读生活的渴望和憧憬。未来会过怎样的阅读生活，今天就进行怎样的阅读学习。

第二节 TCRWP 的实践模型

TCRWP 认为各种阅读教学形式都有其优势和局限，每种形式只适用于一种特定的教学情境。例如，学生自主阅读的优点是可以独立选择想阅读的图书及阅读的时间，并对图书的内容产生自己的理解；局限是教师如果不跟学生一起阅读，就很难在学生阅读思考的过程中对其进行启发，也不能向学生展示不同的思考方式。TCRWP 采用综合性的构思，对好的想法进行取舍、平衡、贯通和设计，形成完整的、稳定的阅读课程，以培养终身阅读者。TCRWP 阅读课程的稳定结构描述的是从幼儿园大班至八年级的阅读课程，其中更侧重于二年级至八年级的课程。TCRWP 在实践中重视因为喜欢阅读而进行的优质阅读，重视每天花大量时间阅读和培养阅读的习惯、策略。

一、创设教室阅读环境

TCRWP 的阅读课程运行于由物质环境、制度环境和心理环境共

---

① [美]吉姆·崔利斯：《朗读手册（最终修订版）》，陈冰译，新星出版社 2016 年版，第 16 页。

同构成的教室阅读环境之中。即便课程内容合理，如果运行在一个不适宜的环境之中，也很难取得好的教学效果。

（一）物质环境

1. 教室藏书

阅读的先决条件，是要有一批近在手边的书。如果提供给学生更多的书，他们的阅读量就会翻一番。斯蒂芬·克拉生（Stephen D. Krashen）在《阅读的力量》一书中用多组研究数据证明：家中接触书的机会越多，阅读书籍越多；教室中的书库越好，阅读书籍越多；学校中的图书馆越好,阅读也越多；使用公立图书馆会增加阅读量。[①] 吉姆·崔利斯在《朗读手册（最终修订版）》中具体介绍了接触图书机会大小与阅读成绩好坏的相关性研究。

> 在了解了“暑期退步”的消极影响、贫困学生的低成绩以及他们在校外很少有机会接触印刷读物的情况后，理查德·艾林顿、安妮·麦吉尔－弗兰岑及研究团队在 17 所高度贫困的学校中，选出 852 名小学低年级学生为一组，与另外一组 478 名情况相似的学生进行对比研究。这项研究持续三年，涵盖三个暑假。
>
> 在春季学期中，这 852 名学生可以在学校的书展上选择 12 本平装书；暑期开始时，交给他们自己保管。（另一组 478 名学生则没有书展，也没有免费的图书。）书展上的图书都是研究者们事先选好的，均为初级水平，迎合学生对流行文化（电影和

---

① ［美］斯蒂芬·克拉生：《阅读的力量》，李玉梅译，新疆青少年出版社 2012 年版，第 57—59 页。

体育明星）、系列图书、少数族裔角色，以及课程中的科学/社会议题的兴趣。（最后两类感兴趣的人最少。）

三年后，结果如下：实验组的学生比对照组的阅读成绩高很多。直接原因就是实验组学生的阅读频率更高。这是因为在三个暑假中，他们更有机会接触印刷读物。有趣的是，在所有的学生当中，最贫困的学生取得了最好的成绩。实验组成功的原因是：①有机会接触书，②个人拥有书，③这些书是他们自己选择的。虽然成绩的提升并不是非常大，但是研究者发现他们获得的成绩等同于或者高于通过全面的学校改革或上暑期学校带来的成绩提升。①

教室里配备较多的藏书，有助于提高学生的阅读量与阅读水平。在国际学生评估项目测试中，芬兰学生阅读素养的分数一直名列前茅，并且芬兰中小学生的阅读分数远远高于经济合作与发展组织其他国家学生的平均水平。在芬兰的财政预算中，教育经费的金额仅仅少于社会福利经费，名列第二。教育经费在芬兰政府预算中所占比例高达 18%，在图书馆建设上的投入尤其突出，人均占有图书馆和藏书量的比例都居世界首位。走进芬兰的中学，几乎每所学校的每间教室里都有书柜。这也许是芬兰教育竞争力排名位居世界前三的深层原因之一。

TCRWP 建议教室里可以建立班级图书馆、班级图书架或班级图书角。学生每一次阅读，都可从手边各种读物中做出选择。班级

① ［美］吉姆·崔利斯：《朗读手册（最终修订版）》，陈冰译，新星出版社 2016 年版，第 170—171 页。

藏书要具有丰富、适宜与便捷的特点。“丰富”体现在数量与种类两个方面。如果学生手边书籍数量不多，那么找到有可读性书籍的机会也就相对较少。相反，如果提供学生更多的书，他们的阅读量就会翻番。TCRWP 建议班级图书馆里的图书量要达到能够保证每个学生至少有 20 本书可以借阅的程度，这意味着一个有 30 名左右学生的班级，藏书量需在 600 册左右。藏书最好包括学生感兴趣的图书种类。如果藏书数量充裕，类别却比较单一，而这一类书又刚好是学生不感兴趣的，那么效果还不如数量不多却都是学生感兴趣的图书好。“适宜”主要指难度适宜。有两种情况会带给学生破坏性的阅读经历，第一种情况是教室书架上放了太多对学生来讲太难的书，第二种情况是有些学生存在更高的阅读需求，却被要求跟着全班其他学生阅读同样的书籍。“便捷”指的是要保证有用的藏书学生能够随时拿到手。有些学校确实拥有丰富的藏书和非常吸引人的图书馆，但是却不鼓励学生使用这些馆藏，怕弄脏或遗失书籍，这就走入了误区，因为书的价值在于给人阅读，而不是整整齐齐端放在书架上。学年之中，需要更新班级图书馆的藏书内容，以适应课程与学生的变化。

书籍的来源问题也是深为困扰 TCRWP 的问题之一。参与 TCRWP 的学校，把建立有足够借阅资源的班级图书馆列为学校头等大事，采取的具体方式包括：学校申请经费、向图书经销商求助、动员家长、购买退休教师藏书、请出版商捐赠等。英国著名阅读推广人艾登·钱伯斯（Aidan Chambers）建议建立班级藏书与学校中心馆藏统一编目系统与流通系统。放置中心馆藏的场所也相当重要，这是读者能否好好利用图书的关键。如果位置不对，图书的流通率也必定会大打折扣。大部分学校会将所有的书籍集中存放于学校图书馆或者资料室，这些书不是任何老师、班级或办公室可以私自拥有的。不要随便找一个需要长途跋涉才能到达的偏僻角落来当图书室，这对低年级学生来说尤其重要。中心馆藏还有一项重要任务，就是为班级所需的小型图书馆提供支持。那些放置于班级图书区的图书要和中心馆藏一起编目，也要有清楚的借阅记录档案。那些因课程所需临时要看的书，可以暂时放置于班级图书区，等课程结束时再归还中心馆藏。

TCRWP 认同班级图书馆需要书架、书筐或者其他有助于读者挑选图书的工具。图书应按照主题、作者、系列名或是难易程度进行分类。

2. 阅读空间

阅读总是需要空间的。阅读空间和阅读的乐趣、情绪、专心度有着极大的关系。学生必须有一个可以让他们心无旁骛地阅读的场所，才能专注地融入书本。在班级氛围良好、布置温馨舒适的教室里阅读的学生，当然会比那些需要面对杂乱无章教室环境的学生更容易进入状态。教师可以在教室里用书架圈出一片阅读区，有条件的学校也可以设立独立的图书室。

在教室里设立阅读区，书架最好面向教室，背向阅读区。书架背面正好可以形成一圈小小的墙，将阅读区隔成一个空间。学生在借还书时，不必绕进阅读区里，既方便挑选和归还书籍，也保持了阅读区的安静。阅读区里面可以布置软垫，并陈列一些图书，要是空间允许，还可以摆上小沙发和小桌子，让这个小天地显得更舒适、更吸引人，墙上还可以贴一些书的海报。有些学校拥有独立的图书室，里面有精心设计的阅读角，有足以容纳整个班级的学生在其中阅读的空间。学生捧上一本书后，不是必须坐到指定位置，而是应该能够找到自己觉得合适的地方，在阅读时间内既可以在阅读区里阅读，也可以在自己的座位上阅读。学期初，所有的学生都应坐在自己的座位上读书，尤其是注意力不能长时间集中的学生。几个星期后，可以请几名学生在教室里先挑选一个地方，这个地方就是他们的私人阅读角。阅读角是一个可以让人以最佳状态读书的地方，找到一个适合阅读的地方也是阅读生活的一部分。

（二）制度环境

1. 时间制度

阅读是需要时间的，要想将学生培养成读者，一定要给他时间来阅读。TCRWP 负责人卡尔金斯认为，如何合理安排阅读教学时间不是一个小问题，毕竟时间就是生命，是人们的一切。人们把有限的时间安排为做这件事或那件事，实际上是做了一种价值选择。教育者需要有长远的战略眼光和对学生终身发展负责的精神，从制度上保证学生拥有阅读（尤其是自主阅读）的时间。从一所学校安排的阅读时间的长短以及保证阅读时间不受其他活动干扰的决心，可以看出这所学校的气质。艾登·钱伯斯也认为，在培养学生成为读者所需的几个不可或缺的重要条件中，阅读时间的安排是最为重要的一项。即使有很丰富的馆藏与很舒适的场所，如果学生没有时间去阅读它们，这些馆藏与场所就无法发挥应有的功能。在基础教育阶段，每天都应该拨出一些在校时间，让学生自由自在地挑选自己喜欢的书阅读。只有在这样的阅读环境下，学生才会在周末或放假时自动自发地去找他们喜欢的书来读。

安排学生一次阅读多长时间为宜？TCRWP 主张每个年级的每名学生每天在学校至少读半小时的自选书，即那些他们能够流利阅读并理解的书；而且，每名学生要从学校带书回家，晚上在家再多读一会儿。艾登·钱伯斯主张，安排阅读时间时，在学生专注力和兴趣持续时间的基础上，再多加上一点点时间就可以了。7 岁左右的儿童，一次大约 15 分钟（一天可以安排两次）；9 岁左右的儿童，一次大约 30 分钟；13 岁左右的学生，一次大约 40—50 分钟。当然，不能期待学生一开始就能坚持安静阅读，阅读时间可以慢慢加长。

如何确保阅读时间能够被很好地利用？TCRWP 坚决反对教师利用这段时间做一些类似“收牛奶费”的事情，教师应该跟学生一样进行阅读活动，或者走到一些学生身边了解他们的情况。第一，教师要避免利用这段时间做任何其他事情，例如检查功课、订正作业等。教师自己也应该阅读自己想看的书，以身作则。这段时间是不受任何干扰的。第二，这段时间要保持连续。学生有时候很难定下心来阅读，要帮助他们发挥应有的自制力。第三，要使阅读场所保持安静。

2. 借阅制度

构建借阅制度是为了保证图书更好地被阅读，一方面要防止图书的损坏与流失，另一方面要避免学生很难借到图书。TCRWP 建议建立班级图书馆的借阅和归还机制。通常情况下，班级图书馆的管理主体是本班教师和学生。一些班级的做法是给每个学生四个“代书板”。当从书架、篮子或展示架上拿走一本书时，学生就要把其中一个代书板放在那本书的位置上。当还书的时候，学生则放下书，取回代书板。另一些班级的做法是让学生在借书时在一张借阅表上签上名字，还书时再把名字划掉。有些教师请家长和学生签合同，让他们承诺如果图书丢失，他们有责任赔偿。当然，班级图书馆的管理主体也可以是学校图书馆，如果学校中心馆藏与班级图书馆统一编目系统与流通系统，就意味着学校图书馆会协助管理班级图书馆。

（三）心理环境

TCRWP 坚信阅读具有社交性。在教室这个小的社交世界里，大家都需要去读书和讨论书。教授阅读理解时，教师应教授倾听、理解和回应：让学生去倾听作者，倾听彼此，把自己的想法和同学的想法联系起来；让学生判断哪些是重要的或不重要的，理解同学的真实意图；和书中的人物产生共鸣，聆听彼此的想法和观点，从彼此的眼中打量文本和世界。

在无效的讨论中，学生的表述很少彼此关联：一个人说了观点，然后另一个人说，但是第二个人说的观点不是建立在第一个人的话语基础之上。共创教室阅读社区，学生首先要学会彼此倾听，并开始被彼此的话语影响，这是阅读教学中非常重要的一步。用仪式、规则和庆祝活动来建立学习社区，让每个孩子都能全身心地参与其中，在所加入的社区中建立认同感，学会享受他人的陪伴是学校的重要目标。

二、提供稳定阅读课程

TCRWP 强调阅读教学形式的丰富多样，但是各种创意都围绕一个中心展开，即阅读课程的稳定结构。当阅读课程结构比较稳定的时候，教师就可以提前准备后面的教学内容，学生知道第二天需要做讨论，也可以提前做好准备。TCRWP 认为，一个完整的阅读课程通常会包括以下形式：教师为学生读书、开设独立阅读工作坊、评估、讨论、阅读中心和读书俱乐部建设、开设写作工作坊、文本回应。阅读课程实施中应坚持让学生基于自己的想法，读自己选择的图书，从每天的阅读中受益。

（一）教师为学生读书：示范高质量的阅读

1985 年，美国教育部阅读委员会（The U. S. Department of Education’s Commission on Reading）在评估了成千上万份研究报告的基础上发表了《成为阅读大国》(*Becoming a Nation of Readers*)报告。报告中有两项论述非常重要：第一项，为孩子大声读书是能让孩子成功获得知识的最重要的活动；第二项，大人不应该只在孩子不能自己阅读的时候才给他们读书，而应该在孩子的各个年龄段都为其读书。[①]

教师给学生读书，其实是给他们示范高效阅读者的阅读习惯和阅读策略，帮助他们学会在阅读中思考与反思。教师向学生展示什么是有思想、有技巧的阅读，并鼓励学生效仿。第一种方式是阅读行为示范。比如，教师给学生读安东尼·布朗（Anthony Browne）的《大猩猩》(*Gorilla*)，首先，看着封面，思考很长时间。其次，翻开扉页，研究起书中的图片来。最后，打开第一页，开始朗读文字。这些阅读行为告诉学生：阅读不是在每一页上花相同的时间，人们会在重要的地方停下来思考；阅读绘本也不是只认读文字，同样需

① ［美］露西·麦考密克·卡尔金斯：《如何创设适宜的阅读环境与课程？》，祝玉娟译，教育科学出版社 2018 年版，第 56 页。

要阅读图片。第二种方式是阅读思维示范。教师朗读能帮助学生跟教师一起思考："对于这类文章和主题我已经知道些什么，这些知识怎么帮助我预测故事下一步的发展？""作者在这里做了什么设计？为什么他要做这样的设计？我知道的其他作者也做过同样的设计吗？"指导学生在阅读时更好地进行思考，将成熟读者在阅读时经常使用的思考策略，例如建立关联、注意、回想、预测、质疑、推断、综合和诠释等，教给学生。

在每天的教学中，教师可以在不同的时段抱着不同的目的给学生读书。在教师读书的过程中，在学生头脑中形成大量鲜活想象的时候，或者在需要停下来进行思考的时候，教师可以停下来与学生进行讨论。学生可以进行几分钟的小组讨论，教师则为小组提供书和书摘，以此来提高阅读讨论的质量。为了使阅读和讨论都更有意义，教师也要避免太频繁地停下来。不能让讨论的时间比阅读的时间还长，要让学生沉浸在文章中。

（二）独立阅读工作坊：阅读课程的核心

要帮助学生成长为终身阅读者，最简单、最有效的方法是让学生根据自己的目的和兴趣来选择图书阅读，然后从每天的阅读中受益。开设"独立阅读工作坊"是应用这一方法的核心。"独立阅读工作坊"一般包括以下部分：迷你课、独立阅读时间、辅导和讨论、全班分享。

一节迷你课的时长是 5—15 分钟。迷你课的功能是向全班学生传授阅读策略。学生不仅可以在独立阅读工作坊中使用这些策略，还可以在自己的阅读生活中使用它们。迷你课的教学内容跟班级的阅读活动密切相关，不是来自书本，而是来自对全体学生的细致观察。教师要给全班同学解决问题，最好的办法就是上一节迷你课。通常每一个或两个星期，迷你课会换一个主题。迷你课的主题应是相互关联的，每个学期的迷你课都遵循统一的思路设置。一节迷你课一般有五个部分：关联、教学、积极参与阶段、跟学生正在进行的阅读相关联、跟进。

表 1 一节迷你课的结构①

关联：迷你课始于“关联”，教师需要说明迷你课的主题跟学生正在做的阅读为何相关。 教学：①教师直接告诉学生一个策略。②教师给学生演示一个策略，引导学生辨识教师刚才做的是什么，示范通常比指示包含更多的内容。③让一部分学生使用这个策略，另一部分学生观察、研究，并说出他们看到的东西。④学生用一种特定的方法阅读，彼此之间相互观察，然后找伙伴讨论他们看到彼此做了什么。⑤教师重新说明学生做了什么，然后告诉他们已被命名的策略。⑥学生看一段别人阅读时的录像，然后说出他们看到了什么。 积极参与阶段：如果想让迷你课给学生留下深刻的印象，可以鼓励他们试一试将学到的东西付诸实践。两分钟的练习不能使学生真正学到一个策略，只有他们在重要的时候用到了这个策略，他们才能真正地理解和掌握它。但是鼓励学生简单地试用一个策略比教师空洞的话语更能让学生印象深刻，也能消除他们的抗拒。 跟学生正在进行的阅读相关联：把迷你课的内容和当天的独立阅读工作坊活动联系在一起。 跟进：在每天工作坊活动的最后，教师让学生坐在一起进行分享，以此来巩固和拓展迷你课的教学内容。

① ［美］露西·麦考密克·卡尔金斯：《如何创设适宜的阅读环境与课程？》，祝玉娟译，教育科学出版社 2018 年版，第 93—110 页。

迷你课结束之后，学生会去私人阅读角或他们的课桌前独自读书，通常有三四十分钟的时间。这段独立阅读时间是独立阅读工作坊活动里最重要的时段。只有通过阅读，学生才能学习阅读，但是他们的阅读时间远远不够。每天给学生留出一段较长的时间去读适合他们的书，这不是一个能简单达成的目标。在大多数情况下，课堂上很少有大段的阅读时间，教师针对文章提出的问题经常比文章本身的词汇还多。怎么去选择和控制阅读时间是一件困难的事情，教师需要给学生更多的时间去阅读，如果学生不能学会在最有价值的事情上花时间，那是因为他们还没有找到清晰的目标。

在学生独立阅读的过程中，教师可以跟学生讨论、可以辅导学生，学生与学生之间也可以进行讨论。教师跟学生交流的第一步应该是“调查”，以此了解学生的阅读水平和兴趣点，然后“决定”教什么，最后进行“教学”。调查和决定阶段，教师通常应先远距离观察学生的阅读情况几分钟，这样可以让教师看到走近时看不到的东西；然后，教师再对学情展开调查。调查的方向由三点决定：整个班级的教学重点、关于读者该怎么成长的认识、具体读者的情况。教学阶段，教师通常应告诉学生自己观察到了什么，然后再进行教学，提供信息、给学生一些建议，让学生试着使用新的策略。教师还需要把阅读时讨论的内容记录下来，学生也应把改进计划写在阅读日志里。如果想让一次讨论对学生产生深远的影响，那么这次讨论需要为未来指明方向，让学生产生一个“个人目标”。学生应在讨论中制订计划，写下他们的每月目标，例如“尝试在一天中不同的时间读书，这样可以有更多的阅读时间。尝试在晚餐前，或者去上课的路上阅读”“为阅读生活做计划。开始收集书评，让自己与书的联系更密切”“经常让自己练习复述，确保自己真的读懂了某一本书。用便笺纸标出重要的部分”。在独立阅读时段，学生应慢慢学会用书签或是便笺纸，在想跟伙伴讨论的部分做上标记。这样，当伙伴们见面时，就可以讨论他们做了标记的部分。

独立阅读工作坊需要良好的管理，这样才能使整个班级的阅读活动更加有序。教师既要照顾个人，又要兼顾小组，如管理不善，这将是非常困难的。独立阅读时段中还可以使用“书筐”这种工具，在书筐里装上学生正在阅读的书和他们会用到的阅读工具，并将周一安排为“借阅时间”，归还上一周的书，选择新一周的书。这样学生在看完一本书后，便可从书筐里取出下一本书，而不是在教室里走来走去地选书。如果某一个班的学生不能做到持续阅读 40 分钟，有时可以先做 20 分钟的独立阅读，接着进行讨论，然后再继续阅读。

（三）将评估带入教学：教学指南针

评估是教师找到教学方向和航线的指南针。教师有时会收集无数的数据，却发现自己既得不到支持，也没有时间使用那些数据指导教学。因此，建议教师先从简单快捷的评估开始，然后逐渐提高难度，确保评估会影响教学和学习。评估包括以下方面：选书，阅读习惯、价值观以及与阅读相关的自我认知，阅读策略和信息资源，教师教学。考虑到班级中学生不同的发展程度，基于评估才能制订针对不同程度的学生既有弹性又有深度的教学计划。评估能推动教师去研究所有的学生和他们的学习情况，去探究教师自身以及教学工作。

选书评估：评估的前提条件是找到一个快速、省力的系统来引导学生阅读那些他们可以理解的图书。为学生选择合适的书，可以确保学生每天都会花大量的时间阅读容易理解的书。应在学校开学的第一周内，就开展让学生找合适的书的活动，哪怕只能做到大体上的合适。前文提及，各式各样的阅读评估让人们一致认为，学生有独立阅读、在指导下阅读和阅读困难三种阅读水平，学生在独立阅读水平上必须能够准确阅读书中 95% 的词语，达到在指导下阅读的水平则必须能准确破译书中 90% 到 94% 的内容。然而，这些数字没有考虑错误在质和量上的差异。通常来说，建议在选书前应该观察学生的两个方面，即是否能准确读出文中 90% 的词语、是否能够说出文中的细节。

阅读习惯评估：教学生阅读不是简单地让他们通读文字，而是建构文学生活。在一对一交流或大班对话中，教师可以询问学生一些关于阅读习惯的问题。明智的做法是，事先只设计一两个问题，然后通过追问来推动学生回答，例如“你能给我举个例子吗”或“请帮我理解，接下来会怎样呢”。下面这些提问可以帮助教师有效地展开对话。

表 2　评估阅读习惯的常用问题[①]

作为阅读者，我（们）需要了解关于你的哪些信息呢？ 你会和谁分享你的阅读？ 阅读什么时候真正影响了你的生活？和我（们）分享一下。阅读在什么时候给你的生活带来了好的影响？ 你在家阅读时会做些什么呢？ 你能简单告诉我（们）你一天的生活，并分享你平常的阅读吗？

① ［美］露西·麦考密克·卡尔金斯：《如何有效运用阅读教学策略？》，林玲译，教育科学出版社 2018 年版，第 29 页。

当学生制作了他们自己的阅读大事记或勾勒出自己的阅读特征，或是把他们喜爱的书带到学校里时，教师可以公开采访一名阅读者，要求班上的其他同学都来听听这名学生的阅读生活细节，并思考：“我和这名阅读者一样吗？我有什么不同呢？”这时候，大家就会谈到阅读者的生活、价值观和习惯。一旦开始谈论阅读生活，教师就能够很容易地要求学生计划他们自己的阅读生活，并制订问题解决方案。

学生的阅读策略和信息资源评估：评估阅读者不仅意味着收集数据，还要理解阅读者的行为模式背后的逻辑，这样才能凭借对个体阅读者的理解立即制订出教学方案。评估和教学同样重要。为了获得学生作为阅读者的更全面的信息，教师需要采用“流水记录”等评估手段。“流水记录”是对阅读者的阅读行为进行编码和分析的一种工具，可用于记录阅读者的“错误”，即脱离文本的行为，并进行相应分析。研究阅读者的错误可以帮助人们发现阅读者阅读时一般会使用的信息来源，了解阅读者是如何利用各种信息进行阅读的。教师只要坐到一名正在读书的学生身边，就可以做流水记录。

自身教学评估：在整个学年中，教师要设定一个个小的目标，不同年级的教师都要设置某些可观察的阅读发展点，并在整个年级或整个阅读群体中寻找它们，根据这些指标系统收集数据。教师要评估的不仅仅是学生，也要评估自己的教学工作，评估可以为教师提供持续的反馈来源。

（四）讨论式的课程：帮助学生思考文本

帮助学生思考文本是阅读教学的关键，教授这种思考方式的最有力途径就是在朗读的基础上围绕文本展开讨论。这样可通过引导学生发声表达观点，教会学生怎样基于一个或多个文本进行思考或批判。学生的想法一开始总是来自教师和其他人的交谈，但他们最终将无须借助交流互动就能形成自己的观点。让学生练习与他人交谈，就是帮助他们形成自己的思维框架。学生将能够通过深入思考、讨论和写作来回应作品。

另外，如果讨论中没有人对他人的观点进行回应，也不要求他人对自己的观点进行回应，那么讨论就只能停留于表面，泛泛而谈。大家只是报告了自己的观点，却不能通过讨论产生新的观点。一场有品质的读书会的标志不是说“几句想法”，而应能形成多段甚至一整篇的思考。因此，讨论中学生不应仅仅报告自己已有的观点，而是应共同努力生成新的想法。

（五）阅读中心和读书俱乐部：讨论对文本的反馈

在学生阅读过程中，很多阅读小组因共读某本书而形成，又因完成某本书的阅读而解散，教师通常是赞赏这样的做法的。但是成年人一般长期待在一个读书俱乐部里，因为成年人对一本书的讨论总是基于对其他很多书的理解，好的讨论基本上是建立在许多其他谈话的基础上的。因此，TCRWP 也很重视长期存在的阅读中心和读书俱乐部的构建。阅读中心适合幼儿园大班至二年级的学生，而俱乐部则更适合三到八年级的学生。

组建读书俱乐部的方式如下：教师给学生几天时间根据选书结果、阅读速度、题材偏好等寻访同伴。一些教师会在学生组建俱乐部之前进行几周的讨论，其间注重混合和匹配读者，这样学生对自己组建的俱乐部成员构成上的各种可能性的接受度会更高。一般来说，教师会努力组成四人一组的俱乐部。如果小组数是偶数，那么学生们可以交替进行同伴讨论和小组之间的讨论。有时，一些俱乐部会出现问题，而潜在的原因往往是读者之间差别过大，在选书时会经常出现冲突。这个时候，把大的读书俱乐部分解成两个小的会更好。读书俱乐部通常是持久存在的，学生会待在一起六周或者十二周。而每个俱乐部都应有会所（固定的见面地点）和章程，且配有档案袋，里面包含“谁参加了”“谁完成或没有完成家庭作业”的记录，还有谈话和任务的简单记录。

大多数俱乐部每周进行两次 20—30 分钟的谈话。一些俱乐部也会在其他的时段开展活动，确保伙伴之间能够见面交谈。但如果俱乐部成员见面交谈过于频繁，学生就会发现他们在学校没有时间投入阅读，他们在家也不会读得很多，那么他们不会有时间根据他们的想法阅读“充电”。有俱乐部活动的时候，教师需要帮助学生挤出时间进行独立阅读，哪怕只是在午饭前花 10 分钟的时间进行阅读。当一些学生早早完成他们的其他学习任务时，可以鼓励他们去阅读。教会学生在繁忙的一天里抽出时间阅读是非常重要的。学生通常应每晚阅读选好的书至少半个小时，而且应该两周读完一本书。在读完一本书之后，相关讨论则应持续至少一个星期。在准备讨论时，俱乐部成员不仅要读，而且要写。教师需围绕阅读内容列出写作要求，俱乐部成员则一起为这个写作任务定好主题或中心观点。阅读时，学生应围绕一个想法进行深入思考和写作，在写作中深度阐述一个想法，写一页纸，一周写一到两次。

（六）写作工作坊：在阅读生活中进行写作

学生经常会抱怨：书里没有发生什么事，非常无聊。TCRWP 认为，导致一本书在学生眼中没有意义的原因，不是书本身没有意义，而是读者对书的反应出了问题。针对这种情况，教师会让学生试着找到一些看起来比较重要的部分，把它们画出来，然后帮助学生围绕这些重要的部分展开思考，找寻隐藏在其中的意义，在这个基础上再逐步尝试写读书体会。在写作和阅读的过程中，应让学生进行深刻的思考和回应。教授阅读和写作课程的老师，可以将这两门课程结合起来，也可以制订下面的教学计划。教师可以同时进行下面的两项工作，向学生展示怎么写他们的生活，并将同样的策略运用于针对阅读内容的写作教学中。

表 3 “写作”与“针对阅读的写作”的共同教学策略[①]

写作	针对阅读的写作
学生收集生活中值得一写的细节，并将这些细节在写作本上分项记录下来。	学生收集他们读书体会中值得一写的细节，并将这些细节记在便笺纸或者读书笔记上。
重读这些细节，从中选出重要的一项，把它当作“种子想法”，围绕着“种子想法”，不断打磨他们的写作构思。	重读这些体会，从中选出重要的一项，把它当作“种子想法”，围绕着“种子想法”，不断打磨自己阅读、思考后的观点。
教师认真聆听每个学生的“种子想法”。教师通过这种方式帮助每个孩子挖掘出他们想法背后的意义。	教师认真聆听每个学生的“种子想法”。教师通过这种方式帮助每个学生挖掘出在他们对书本的体会中存在的意义。

① ［美］露西·麦考密克·卡尔金斯：《如何培养良好的阅读品质？》，韦丽平译，教育科学出版社 2018 年版，第 85—86 页。

续表

写作	针对阅读的写作
在学生详细阐述或者展开他们的“种子想法”时，教师给他们提供深入思考和写作的策略。 让学生重读自己写的内容，思考一些细小的问题：“为什么这一部分很突出？它是如何与其他部分结合在一起的？”找到与上面提到的那一部分相关的其他部分。它们在哪些方面相似？在哪些方面不同？让学生问自己：“这里有什么让我感到惊讶的？”	在学生详细阐述或者展开他们的“种子想法”时，老师给他们提供深入思考和写作的策略。 让学生重读自己写的内容，思考一些细小的问题：“为什么这一部分很突出？它是如何与书中的其他部分结合在一起的？”找到与上面提到的那一部分相关的其他部分。它们在哪些方面相似？在哪些方面不同？让学生问自己：“这里有什么让我感到惊讶的？”
帮助学生回顾他们收集、思考过程中的所有想法，并问自己：“我想说什么？我可以怎么说？”帮助学生确定写作的形式、结构及类型。例如，如果他们要写的是回忆录，就需要研究一下其他的回忆录；如果他们要制作的是图画书，则需要了解这种体裁的文本可以怎么写。	帮助学生回顾他们收集、思考过程中的所有想法，并问自己：“我想说什么？我可以怎么说？”帮助学生确定写作的形式、结构及类型。因为他们要写的是一篇文学评论，他们需要研究一下评论的范文。教师可以提供范文，也可以把其他学生写的文学评论给他们看，因为大多数成年人创作的文学评论对他们来说通常过于复杂。
学生写好草稿以后，教他们以所选的体裁为标准检查，重读一遍。例如，如果写的是回忆录，他们需要思考：“我是不是给自己或别人画了一幅自画像，这幅画可信吗？”“我对自己生活的表述是否深刻？”	学生写好草稿以后，教他们以文学评论传统为标准检查，重读一遍。因为写的是文学评论，他们需要思考：“我对这一作品的描述是否深刻？是否属实？”“我的评论是不是建立在作品内容的基础上？我给读者提供的有关这一作品的描述是否准确？”

（七）文本回应：用灵魂阅读

“文本回应”或者“文本与个人的联系”原本指的是一种广泛的、基础的阅读方法。但是，在教学中教师常常不恰当地把“文本回应”简化为一个阅读中的“小装饰”，学生所谓的“文本回应”只是用他们在书本上找到的某个细节和自己的生活经历做连线配对题而已。这样的“文本回应”让文本阐释空间变狭窄了，而不是变广阔了。事实上“文本回应”不仅仅是指找到文本中和自己生活有联系的片段，它也具有以下关键特征。

表 4　文本回应的关键特征①

文本回应的关键特征
文本回应涉及开始的听 / 读文本，并受其影响。 文本回应在理解文本后产生。也就是说，必须先理解文本，才会有所体会。 文本回应不是文本与个人生活经历间的简单的配对游戏。 文本回应不是突然抽离文本、孤立地反思自己的生活，而是在细细品味文本内容之后，再回到自己的生活中问自己：“我生活中的哪部分经历是和这有关的？” 文本回应并不意味着读者与书中人物有相同的经历。比如，可能因为自己与父母的关系疏远，某些读者反而对书中亲子的亲密关系格外留意。也就是说，人们对文本的回应与人们所思、所忆、所知、所念息息相关。“文本回应”让人理解，一个人看问题的角度是与这个人密不可分的。 文本回应能加深人们对文本的理解。思考“我的经历与此有何相同或不同？”这类问题，能帮助人们洞察文本和生活。 交流与思考要往返于文本中的某些片段和生活中的特定经历，特别是文本中心思想和重要时刻（场景）之间。讨论应建立在生活和文本中的重要时刻（场景）之上，最终人们还是会借助这些特定的片段来谈论整个文本和生活。

① ［美］露西·麦考密克·卡尔金斯：《如何培养良好的阅读品质？》，韦丽平译，教育科学出版社 2018 年版，第 109—110 页。

如何让学生充分、深刻地回应文本？答案就是让每个人读完一本书后，找出最吸引自己的那部分。很可能，有人找到的是一件事，有人找到的是一个片段，有人找到的是让人费解的某一个点。之后，让学生追问自己："这部分和整个文本有什么关系？这部分和作为读者、作为个体的我有什么关系？"教师要使用各种方法引导学生的思路往返于书中的重要片段与让这些片段具有特殊意义的生活经历之间。

表5 引导学生"文本回应"的常用问题①

你是怎么从你的生活中体会这一点的？ 你是不是将诗中的某个场景与你生活中的某个场景联系起来了？ 类似的事情是不是也在你身上发生过？你能跟我们说说吗？慢慢来，把整个故事都告诉我们。 你能不能解释你为什么会这么想？你生活中的什么经历让你有这样的想法？

"文本回应"极具力量，让人们建立起自身与文本的联系。思考文本内容，并将个人经验与文本联系起来，是"文本回应"的重要途径。

"他山之石，可以攻玉。"TCRWP 的理论框架与实践模型所展现的美国"整本书阅读与研讨"实践经验，与我国语文教育的历史经验具有较大的差异，也因此能带给我们不同的启发。TCRWP 培养终身阅读者的理念以及赋予学生自主选择权的实践，都值得我国教师学习与借鉴。

① [美]露西·麦考密克·卡尔金斯：《如何培养良好的阅读品质？》，韦丽平译，教育科学出版社 2018 年版，第 109 页。

第三章
“整本书阅读与研讨”的实践探索：如何阅读一本书

相比单篇短章而言，整本书信息量巨大、结构复杂、内涵深厚，是富有挑战性的阅读对象。如何指导学生阅读与研讨整本书，是困扰许多一线教师的问题。研讨的前提是师生共读一本书，以初中语文统编版教材为例，《朝花夕拾》《西游记》《骆驼祥子》《海底两万里》《红星照耀中国》《昆虫记》《傅雷家书》《钢铁是怎样炼成的》《艾青诗选》《水浒传》《简·爱》《儒林外史》都是必读书目，师生需要共同阅读。本章将集中探讨在师生共读的前提下，学生如何阅读一本书，以及教师如何指导学生阅读与研讨，解决“教师教学认识与教学行为之间有落差”的问题。当然，师生共读与自由阅读并不是非此即彼的，二者可以共同构成学生的阅读生活。

第一节　“整本书阅读与研讨”：实践模型

艾登·钱伯斯认为，每次阅读时人们总是在例行一个固定的循环，阅读中的每一个环节都牵动着另一个，从而形成一个周而复始的循环。

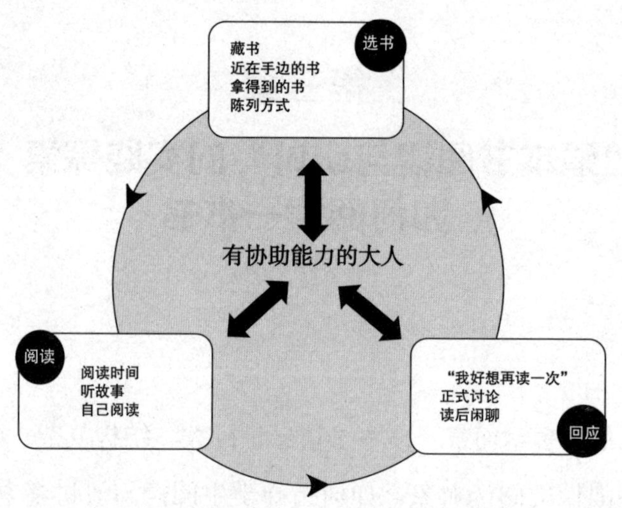

图 1　艾登·钱伯斯的"阅读循环"示意①

艾登·钱伯斯的"阅读循环"告诉人们一种思维方法：人们应把"整本书阅读与研讨"的实践看作一个双层结构，外圈是学生的活动过程，内圈是教师的指导方式。既要研究学生的活动过程，也要关注教师的指导方式。

一、实践模型

学生阅读一本书的任务一般应分几周完成，阅读中的阶段或节点的划分要合乎学习规律。经过近几年的实践探索，"整本书阅读

---

① ［英］艾登·钱伯斯：《打造儿童阅读环境》，许慧贞译，北京联合出版公司 2016 年版，第 2 页。

与研讨”研究中积累了一批实践模型。如来凤华老师推动学生阅读的过程包括“读”“思”“议”“写”“拓”五个阶段。“读”是自读；“思”是在读的过程当中思考、品味、揣摩，把自己阅读过程中生发的问题梳理出来；“议”是通过讨论，消除疑难，分享思想成果；“写”是把阅读的思考通过文字固化下来；“拓”是深化拓展，在更广阔的视野上观照作品。[①]余党绪老师用三句话概括“整本书阅读与研讨”：“连滚带爬地读”，即读得开心，不必苛求字字落实、句句较真；“绞尽脑汁地想”，强调深度思考；“挖空心思地用”，即尝试将阅读所得转化为自己的表达资源。[②]这三句话的另一种表达形式是“原生态阅读”、“批判性理解”与“转化性写作”。[③]吴欣歆老师认为，阅读过程围绕“选书、预热、通读、讨论、展示”五个方面展开。一个真正的阅读者会因一本书的影响和价值而选择它；会通过翻看封面、目录、序跋等内容判断自己是否能够阅读；会在通读全书后有所感悟、产生疑问，渴望和别人讨论；会在获得新的认识和思考后乐于分享交流。[④]

在三种实践模型中，学生均需要经历“自主通读”、“讨论交流”和“输出展示”三个基本阶段。此外，吴欣歆老师还重视“自主通读”之前的“初识书册”，来凤华老师则强调“拓展延伸”的环节。综上，整本书阅读过程大致可划分为“初识书册、自主通读、讨论交流、输出展示、拓展延伸”五个阶段。

---

① 来凤华：《整本书阅读的思与行》，《基础教育课程》2016 年第 11 期，第 13—19 页。

② 余党绪，叶开：《为什么我们都主张“整本书阅读”？》，《语文教学通讯》2016 年第 Z1 期，第 16 页。

③ 余党绪：《“整本书阅读”之思辨读写策略》，《语文学习》2016 年第 7 期，第 12 页。

④ 吴欣歆：《培养真正的阅读者——以〈小王子〉为例谈整本书阅读指导》，《中学语文教学》2017 年第 10 期，第 20—23 页。

（一）初识书册

弗朗西斯·培根曾经说过，有些书可以浅尝，有些只能生吞活剥，只有少数的书是要咀嚼与消化的。阅读整本书，特别是又长又难的一本书，需要先做一项重要工作——判断这本书是否值得仔细阅读。学生在初识书册阶段，要避免打开任何一本书，连目录都不看一眼，就孜孜不倦从第一页开始读起。英国作家柯勒律治做过一个关于读者类型的分析，他认为读者可分为4种类型："海绵型读者"什么书都看，但吸收知识后又都很快地流失了；"磨砂玻璃型读者"看书，只不过为了胡乱消磨人生的闲暇时光；"滤袋型读者"则仅给自己留下了知识的碎片；只有"钻石型读者"最为珍贵，因为他们不仅自己开卷有益，而且惠及他人。如果一个人拥有无限的时间，那么选书就不会那么重要了。正因为时间对每个人来说都是极其珍贵的有限资源，所以在浩瀚书海中进行选择才格外重要。

判断一本书需不需要多花时间仔细阅读，可以通过阅读书名、副标题、序言、目录、索引、腰封等感知全书概貌，重点了解书的大致主题、基本架构与关键词。如果需要，还可以进一步挑几个跟主题密切相关的篇章来看（特别是结尾的两三页）。用以上方法略读，可以了解足够的信息，来判断自己是否想要更仔细地阅读这本书。这项工作不一定需要占用一节课来完成，教师可以在早读课或自习课安排一个全班的"共读时段"，让全体学生一起来翻书。

在绝大多数情况下，根据课程标准建议、教材规定或中高考要求，教师便能确定师生需要共同阅读的书目。这种情况下，许多语文教师会遇到学生不喜欢阅读指定书目的问题，有些书目甚至绝大多数学生都不喜欢。2013年广西师范大学出版社曾经在网上发起"死活读不下去排行榜”，在对近 3000 名读者的意见进行统计之后发现，《红楼梦》竟然高居榜首，四大名著尽数在列。学生对阅读书目感到疏远、提不起兴趣，是绝大多数教师都会遭遇的问题。

从学理层面来看，如何处理文化科学知识学习的强制性、计划性、目的性与学生的需要、兴趣、激情之间的矛盾？要不要在文化科学知识学习与学生的自由、激情、兴趣之间进行非此即彼的选择？在学习过程中伴随着学习活动所形成的激情与兴趣、所获得的成就感和价值感是不是就不重要，不如个人自发产生的那些兴趣和激情来得更纯真、更有意义？优秀的书籍给予人们的东西，不是单纯的知识，也不是转瞬即逝的刺激，而是生存的自信、做人必备的才智和勇气，并能唤醒人们的心灵，使人对生命的尊严肃然起敬。如果师生共读的过程中能让学生真正有所收获，对于培养学生的阅读兴趣将起到相当积极的作用。学生会因为懂得而真正喜欢上一本书，并且逐步提高阅读品位。反之，如果师生共读的过程不能给学生带来收获，甚至带来无限苦恼，则会加重学生对阅读的排斥。并非只有发自本性的兴趣和需要才是真的兴趣和需要，经过引导的、与他人相关的兴趣和需要也是真的兴趣和需要。

从操作层面来看，师生共读一本书之前，教师要了解学生的实际需求和关注点，在学生的实际生活和所读书目之间建立起一座沟通的桥梁，让学生在熟悉的生活之中发现未知的新知识、新视角、新领域，从而激活学生的探索欲望。例如，学生对于流行文化及网络文化可能比较感兴趣，因而教师可以在网络游戏、动漫文化、电影剧情以及畅销书中寻找文学名著的原型，并将它们建立起联系。教师也可以向学生介绍一些著作的影响力，或邀请高年级已经阅读过这些著作的学生进行推介。也可从书中选取一个美好的场景、几个鲜明的形象；或介绍作者和相关书评；或欣赏书中精彩的内容、情节；或利用书中的插图、故事里出现的音乐等，激起学生对新书阅读的一份关注，形成一种期盼。教师要做到的是让学生对即将开始的阅读旅程充满期待，让阅读兴趣更加浓厚。

日本教育家池田大作认为：读书是需要毅力的劳动。把一本书从头读到尾，非忍耐不可。人们对于事物的看法、心态的转变，只有踏踏实实读书才能学到。初识书册阶段，学生要学会分解既长又难的作品，制订阅读计划表或阅读进度表，逐步养成良好的阅读习惯。《义务教育语文课程标准（2011 年版）》规定，第四学段"养成默读习惯，有一定的速度，阅读一般的现代文，每分钟不少于 500 字"。例如，《骆驼祥子》全书十余万字，以每分钟 500 字作为参照标准，每天保证半小时阅读时间，一天能够阅读 15000 字，大约一周可以读完。学生不进行整本书阅读的实践，就难以养成良好的阅读习惯，也就不可能学会自主阅读。

表 1 《骆驼祥子》阅读计划表①

阅读章节		建议阅读时长	阅读日期	荣誉奖章
第一部分	一	10分钟		
	二	8分钟		
第二部分	三	12分钟		
	四	9分钟		

① 本表由北京市中央商务区实验学校吴春红老师设计。

续表

阅读章节		建议阅读时长	阅读日期	荣誉奖章
第二部分	五	9分钟		
	六	10分钟		
	七	10分钟		
	八	10分钟		
	九	9分钟		
	十	10分钟		
	十一	10分钟		
第三部分	十二	10分钟		
	十三	10分钟		
	十四	10分钟		
	十五	10分钟		
	十六	12分钟		
	十七	12分钟		
	十八	10分钟		
	十九	10分钟		
	二十	10分钟		
	二十一	10分钟		
	二十二	10分钟		
	二十三	9分钟		
	二十四	10分钟		
总计建议时长		4小时（240分钟）		

由教师选定的阅读书目，是人们普遍认为对青少年极有价值的作品。选定书目时，事实上很难兼顾每一名学生的阅读兴趣。相较

于完全依赖个人兴趣来维系阅读，通过制订阅读计划逐步完成阅读并养成阅读习惯是更为合理的方式。学生个体的阅读兴趣，当然需要珍视与保护，教师可以在师生共读书目以外，把更大的选择权交给学生。当然，也要警惕“阅读舒适区”问题。阅读一篇短篇故事，总比读一本大部头来得容易；阅读一篇文章，总比读一整本书或一个主题的书籍来得轻松。许多学生习惯待在“阅读舒适区”里，这样不仅影响阅读品位，而且不利于增强理解力。教师需要引导学生积极面对有一定挑战性的作品，通过对作品的理解提升阅读品位，并区分阅读的获益与取乐之不同。

（二）自主通读

学生自主完成通读，是整本书阅读教学的必要基础。从单篇课文教学现状来看，确实存在着在学生没有自主完成通读的情况下教师便进行阅读教学的问题。单篇课文篇幅较短，学生可以通过跳读来寻找教师提出的问题的答案，因此在一定程度上掩盖了他们没有完成自主通读的问题。但是，这种教学状况是极不合理、极不科学的，学生语文学科核心素养的发展也因此受到影响。所以，《义务教育语文课程标准（2011年版）》强调“教师应加强对学生阅读的指导、引领和点拨，但不应以教师的分析来代替学生的阅读实践，不应以模式化的解读来代替学生的体验和思考；要善于通过合作学习解决阅读中的问题，但也要防止用集体讨论来代替个人阅读”。[①]教师分析、集体讨论、模式化解读都无法代替学生个人的阅读实践。把单

① 中华人民共和国教育部：《义务教育语文课程标准（2011年版）》，北京师范大学出版社2012年版，第22页。

篇课文替换为整本书，如果学生自己没有通读此书，用教师的分析、集体讨论来代替学生的阅读实践，教师会发现这种做法的不合理性被进一步放大了。语文课程是实践性课程，学生个人的阅读实践是第一位的。

学生自主通读非常重要，但是许多教师会反映“学生不读书”。影响学生自主阅读质量的一部分因素与阅读对象有关，大部头的作品对于学生来说是一个巨大的阅读挑战。解决这个困难有三个办法：一是分解长、难的作品，制订阅读计划；二是规划设计全班的“共读时段”，确保学生的阅读时间，要求学生在规定的阅读时间里完成阅读计划。一些学校开设“半小时阅读课”，就是非常适宜的办法。三是遵循一条重要的阅读规则，即第一遍面对一本难读的书的时候，从头到尾先读完一遍，碰到不懂的地方不要停下来查询或思索。先将全书读完，不要因被某一个看不懂的章节、注解、评论、参考资料阻挠而泄气。陆九渊认为：“读书切戒在荒忙，涵泳工夫兴味长；未晓莫妨权放过，切身须要急思量。”这就是所谓“不求甚解”的阅读规则，其实也不是真的不要求把书读懂，而是主张对于难懂的地方先放过去，不要死抓住不放。有时看完上下文之后，对于难懂的部分也就懂得了；如果仍然不懂，也可等日后再求解释。这个原则对于成长中的阅读者特别重要。学生自主阅读是原生态的阅读，要鼓励学生“不求甚解”地读完。

影响学生自主阅读质量更重要的因素与阅读主体——学生相关。很多学生自主阅读的质量不高，在阅读过程中不进行积极、主动的思维活动，基础较弱的学生甚至有应付的现象。这些正是不成熟的读者身上经常会出现的问题。指导少数具有高度学习动机的学生阅读和指导一些动机比较弱的学生阅读，是有区别的。针对阅读基础较好的学生，可以让他们按照自己的阅读习惯做批注、按照自己的喜好做读书笔记，养成“不动笔墨不读书”的好习惯，学会记录自己阅读后的真实感受。记录的感受可以是对作品的理解，也可以是对人物的分析，可以是自己对人生的感悟，也可以是与现实生活的比照，等等；而针对阅读基础较弱的学生，可以设计学程手册（参见附录一）陪伴学生阅读，提示学生关注文本重要信息，学习一些基本的阅读方法。

设计学程，第一步要划分阅读范围，可以根据自然章节划分，也可以根据文本内容的有机联系对章节适当进行合并或拆解。例如，根据《水浒传》的链式结构特征，可以将重点塑造鲁智深这一人物的第三回至第七回划分在一起。又如，《西游记》第一回至第七回，从“石猴出世”写到“大闹天宫”，构成一个独立的故事，可以划分在一起。第二步要确定局部阅读目标。以《水浒传》为例，第三回至第七回，可以将“梳理人物经历的重要事件”作为目标。第三步要围绕目标设计阅读任务。阅读任务的内容要合理，形式要有趣，要求要具体。第四步提供助读资源。如果学生独立完成阅读任务有一定的难度，可以给学生提供相应的资源，可以出示样例，也可以提示方法或补充材料。

学生自主通读中最重要的活动是“读”与“思”。如果只阅读不思考，就谈不上对作品的理解和感悟。设计学程手册，重在引导和管理学生的阅读活动，当然设计时也要根据学生的具体情况，不要过度干预或妨碍学生阅读。阅读教学离不开教师的指导，但不恰当的指导反而会妨碍甚至阻断学生对文本的直接感知。有些情况下，不打扰就是最好的指导。部分教师在学生通读过程中布置繁重的任务，比如撰写多少字的内容摘要、做多少条批注等，严重干扰了学生的正常阅读。因此，设计学程手册，内容上要做到“精”，形式上要做到“趣”。一方面，通读学程手册可以陪伴学生自主通读；另一方面，学生在完成学程的过程中会充分暴露出自己的思维状况，所以教师可以以此收集数据，并展开进一步指导。

（三）讨论交流

“旧书不厌百回读”。完成自主通读以后，学生对于整本书或多或少都有自己的理解与认识。这种认识有时可能是较为片面、较为肤浅的，此时学生需要通过与同伴的交流、与教师的交流，形成对文本更全面、更深刻的理解。经历这一学习过程，学生还能积累语文知识、丰富阅读策略、提升阅读能力、获得精神成长。阅读交流是师生共读的关键活动。

这一阶段要求教师结合不同类型的书籍，引导学生在初读基础上深读深思，读出每本书的精华。讨论交流不是重复读者凭直觉就可以感知的东西，而是要揭示读者感知之外的奥秘。如果真正做到这一点，学生就可能提升智性的理解力和审美的感受力。而一味重复显而易见的东西，不但没有吸引力，反而会使学生对阅读心生厌倦。

师生共同讨论有三种方式。第一种是通读过程中，学生会提出不少极富价值的疑问，教师可以从学生的问题出发，引导学生深读全书。学生在通读阶段读不出的，恰恰可以作为课堂教学的提升点。例如《骆驼祥子》一书中最后写道：“体面的，要强的，好梦想的，利己的，个人的，健壮的，伟大的，祥子，不知陪着人家送了多少回殡；不知道何时何地会埋起他自己来，埋起这堕落的，自私的，不幸的，社会病胎里的产儿，个人主义的末路鬼！”有很多学生阅读时提出疑问：“为什么祥子会发生这么大的变化？”教师可以根据学生提出的问题，设计“祥子沉沦之因”来探究小说主题，看看书中可以读出哪些原因，众多原因中决定性的因素又是什么，从而更深入地理解作品的主题。

第二种是教师挑起一个矛盾，以此加深学生的认识。例如阅读《鲁滨逊漂流记》，初登荒岛时，鲁滨逊在日记中写道：“我，可怜、倒霉的鲁滨逊·克鲁索，因遇上一场可怕的风暴，船只在离岸不远的海面上失事，来到这个不幸的、凄凉的岛上，我管它叫绝望岛。”登岛三年后，鲁滨逊认为：“我过的生活却是幸福的，比我以往过的一切放荡不羁的、该受诅咒的、污秽卑劣的生活不知要幸福多少。”登岛十一年后，鲁滨逊感叹：“居然能把最痛苦的煎熬变成甜蜜的生活……当初我对前景一点儿看不见，只看到挨饿的危险……且瞧瞧我怎样像国王那样进餐的……”“绝望岛”何以成为“幸福岛”呢？教师可以抛出这个矛盾，带领学生探究“幸福岛之乐”与“幸福岛成因”，从而深入理解小说主旨。

第三种是学生没有提出明确的指向文本的问题，但是学生在完成学程手册过程中暴露出思维问题。教师要从学生的各种表现中捕捉存在的问题，确定交流主题，并基于学生的真实状况突破阅读难点，有针对性地将学生提升到更高水平，有效观察学生阅读的真实状态并引导学生提升阅读能力。

在自主通读的过程中，学生会关注文本中的部分信息，并基于这些信息形成初步的理解。要让学生的阅读能力提高，必须让学生学会关注文本中的重要信息，并且在信息之间建立联系，在此基础上构建解释。为了让学生能在信息之间建立起联系，教师通常可以设计一些回读任务。整本书的阅读与单篇文章的阅读有很大不同，单篇文章的阅读中关注的常常是细节，而整本书的阅读能够让学生更多地关注整体结构。经过交流讨论，从结果上说，学生能形成对文本更全面、更深刻的理解；从过程上说，学生则能积累学科知识、提升阅读能力、丰富阅读策略、获得精神成长。

（四）输出展示

交流不是整本书阅读的终结，在它之后是更为广博的延伸。学生经过交流环节观点的碰撞、心灵的触动，获得了产生新认识的可能。教师要把握这一时机，让学生进行展示，将学生引入更为广阔的领域。输出展示可以有不同的方向与方式，总而言之，要把学生创造、产出的行为看作理解的最高形式，让学生通过对学科领域或现实世界具有真实意义的作业（作品）来展示其学习成果。最常见的展示形式是将阅读的思考通过文字固化下来，撰写书评、读后感、研究论文等。当然，也可以通过其他形式来做展示，例如依据文本内容画人物、写歌词、开发网络游戏等。

（五）拓展延伸

读书如同编织蜘蛛网一样，从一点开始，可以由此及彼，越来越广，但又万变不离其宗。拓展延伸就是采用“结网式”阅读法，在读了一本感兴趣的书之后，追踪该书作者、该类题材或该领域其他相关的书籍，扩大自己的阅读面和阅读纵深度。如在读了传记之后，若喜欢上了传主或者作者，就可以阅读更多与传主经历相关或传主本人所写的书乃至一些与其师友有关的书；或者可以去读传记作者所著的其他书，从而拓宽知识面，加深学识。一个人如能精读一本书，把一本书作为人生的支柱，最后必定会喜欢上更多书。

二、学理依据

从教学实践中提炼的"初识书册、自主通读、讨论交流、输出展示、拓展延伸"实践模型是否具有学理依据？整本书阅读过程划分为五个阶段是否合理？这两个问题可以从以下方面展开讨论。

（一）阅读过程符合学习本质规律

从学习本质来看，学习是由三种对话实践——与客观世界的对话、与同伴的对话、与自己的对话构成的；学习是通过"活动"（activity）、"合作"（collaboration）、"反思"（reflection）构成的"活动性、合作性、反思性实践"而实现的。[①]"自主通读"是学生与文本的对话，"讨论交流"是学生与教师及同伴的对话，"输出展示"是学生与自我的对话。根据整本书阅读的特点，通读之前需要判断是否需精读并做好时间规划，因而可以安排"初识书册"环节。"拓展延伸"则是完成阅读后的进一步迁移与深化，可以作为补充性学习活动而存在。整本书阅读过程中的五个阶段符合学习的本质规律。

① ［日］佐藤学：《教师的挑战：宁静的课堂革命》，钟启泉等译，华东师范大学出版社2012年版，第4页。

（二）实践模型隐含阅读认知过程

参考国际学生评估项目（PISA）、国际阅读素养进展研究（PIRLS）等国际阅读测评项目，阅读认知过程可细分为“定位 / 查找 / 识别”、“推论 / 推理 / 预测”、“理解 / 解释”、“整合 / 总结 / 概括”与“评价 / 反思 / 批判”。[①]首先，多种实践探索模型都非常重视“思考”。来凤华老师特别把“思”单独列出来，没有包含在“读”之中，强调“思”的重要性。余党绪老师明确提出需要“绞尽脑汁地想”。吴欣歆老师在阐释“通读”时谈到“多次走进同一个文本”[②]，“多次走进”就意味着不同层次的认知活动。其次，“初识书册、自主通读、讨论交流、输出展示、拓展延伸”五个阶段背后，隐含着学生提取信息、概括信息、建立联系、进行推理、形成解释、反思批判的认知过程。“自主通读”阶段的“了解大致内容、梳理情节、形成初步理解”这一系列流程就包括了提取信息、概括信息、建立联系等认知活动。“讨论交流”“输出展示”阶段重点在于形成解释、反思批判。虽然不同层次的认知活动并非截然分离且与五个阶段一一对应，但可以确定，这五个阶段中隐含着学生不同层次的认知活动。

（三）实践模型中包括阅读能力元素

阅读能力包括六个能力元素：复述、解释、重整、伸展、评鉴、创意。复述、解释、重整是客观性理解，对原有的篇章进行分析、

---

① 周佳、叶丽新：《大规模阅读测评的发展趋势与特色分析——以 PIRLS 等阅读测评项目为例》，《语文学习》2018 年第 7 期，第 65—70 页。

② 吴欣歆：《培养真正的阅读者——以〈小王子〉为例谈整本书阅读指导》，《中学语文教学》2017 年第 10 期，第 21 页。

概括等，紧扣原篇章，准确理解，还原作者的思想过程。伸展、评鉴、创意是主观性理解，通过推论、想象、推测、批判性思维、创意有依据地引申、拓展篇章内容，评鉴篇章内容与表达，提出独到的见解，对篇章进一步加工，基于原篇章又超越原篇章。“自主通读”是客观性理解，“输出展示”是主观性理解。“讨论交流”既包括客观性理解，也包括主观性理解，主要取决于讨论交流的问题与内容。

（四）实践模型对应四种阅读层次

莫提默·J. 艾德勒和查尔斯·范多伦在《如何阅读一本书》中将阅读划分为四个层次：基础阅读、检视阅读、分析阅读与主题阅读。基础阅读主要解决认读的问题，一个人只要能完成这个层次的阅读，就摆脱了文盲的状态。检视阅读有两种，一种是有系统的略读或粗读，方便读者判断一本书值不值得花时间仔细阅读；另一种是粗浅的阅读，帮助读者在面对难读的书的时候，能够从头到尾先读一遍，不被不懂的地方绊住。分析阅读是全盘的、完整的阅读，目标是能够咀嚼与消化一本书。主题阅读指的是根据某个主题选择并阅读很多论及该主题的书，而非只读一本书。在主题阅读中，读者是为了解决自己的问题才阅读的，而不是为了这一本书本身的写作目的而阅读；读者关心的主题才是重点。

莫提默·J. 艾德勒之所以将以上内容称为阅读层次而不是阅读种类，是为了强调它们之间的渐进性：第一层包含在第二层中，第二层包含在第三层中，第三层包含在第四层中，第四层是最高的阅读层次。“初识书册、自主通读、讨论交流、输出展示、拓展延伸”实践模型正对应着这四种阅读层次。初中阶段主要是处在分析阅读层次，师生共读一本书时，主要目标是了解这本书。高中阶段可以进一步达到主题阅读层次，即为了解决自己的问题阅读多本书的层次。

第二节 “整本书阅读与研讨”：指导方式

实践模型解决了处于艾登·钱伯斯“阅读循环”外圈的学生的阅读阶段规划问题，那么处于“阅读循环”内圈的教师该如何进行相应指导？作为成长中的阅读者，学生在各个阅读阶段都需要教师的指导。教师需要突破以“班级授课制”为主体的教学组织形式，在有限的课时内兼顾质量与效率，既要克服精讲章节的篇章化教学倾向，也要避免出现没有指导的放任自流状态。

一、实践探索

教师进行整本书阅读指导，要不要都用上课的形式？为解决这个关键问题，教育工作者大致进行了两类实践探索。一类是对整本书阅读“课型”的探索。例如，郑美玲、邵伟霞老师概括出“整本书阅读”教学的三种课型：指导课、交流课和探讨课。指导课包括激发兴趣、引领方向、制订阅读方案、传授阅读方法等，以问题卡督促学生课下阅读并帮助学生梳理思路。交流课重在通过了解学生对教师所设计的问题的思考和回答，引领学生完成梳理情节、把握人物的任务。探讨课通过思辨性阅读进行思维训练，重在探讨、剖析学生在阅读过程中产生的问题。[①]樊颖老师总结了推进整本书阅读的三种课型，认为应在读前、读中、读后分别进行导读课、过程指导课、重点突破课[②]教学。来凤华老师也提出了一些课型，认为在每一个时间节点上都要通过一个课型把阅读推进下去，如自读课完成“读”“思”环节，讨论课、引导课完成“议”这个环节，写作课完成“写”这个环节，拓展课和延伸课完成“拓”这个环节。[③]但是，“整本书阅读”在阅读基础、阅读时间、阅读方式、阅读感受、阅读评价等多个方面都有个性化特点；班级授课制追求的却恰恰是一种高度聚焦的、几乎所有方面都整齐划一的教学。因此，教师会发现“整本书阅读”指导的各个环节无法都通过“课型”来完成。如何处理追求整齐划一的班级授课制与注重个性化的整本书阅读之间的矛盾？

另一类是对整本书阅读“混合式学习”的探索。吴欣歆老师指出，整本书阅读的“课程化”并不等于“课时化”。“选书”阶段其实并非一定要费心设计“推荐导读课”，实践证明，通过在学校布置图书展等形式进行“选书”是更好的办法；“通读”阶段，教师可以设计“活动”，主要以熟悉文本为目的，但已经养成良好阅读习惯的同学也可以不参加这些活动，而是完全自主通读全书；“讨论”阶段，很多内容同样可以在课下完成，如在教学区开辟一个展板定期展示问题，让学生利用课间分享、讨论、完善，只有那些学生自己解决不了甚至都发现不了的问题才需要“上课”解决；而“展示”阶段，

① 郑美玲、邵伟霞：《初中“整本书阅读”教学实践三种课型探究》，《中国教育学刊》2018年第S1期，第146页。

② 樊颖：《借助三种课型推进名著的整本书阅读——以〈海底两万里〉为例的阅读策略指导》，《语文学习》2018年第5期，第4—6页。

③ 来凤华：《整本书阅读的思与行》，《基础教育课程》2016年第11期，第13—19页。

可让学生做一点儿当下有能力做的“文化产品”来展示交流。[①]李卫东老师认为，整本书阅读不只需要在课堂上进行阅读和讨论，还要将阅读延展到家庭、社区等空间，且灵活采用线上、线下的学习方式，既让学生在线讨论、探究，又在线下课堂上由教师介入指导学生学习阅读，还让学生自由、自主进行阅读。课堂学习、在线互动、非课堂非在线自主阅读，这三个模块整合在一起，形成完整的整本书阅读体验课程。[②]

二、理论反思

班级授课制的约束以及课时的限制是许多教师对开展“整本书阅读与研讨”指导的顾虑。针对这一问题，教学实践中的探索既有“破”也有“立”。

（一）打破时空限制

“破”指借鉴“混合式学习”理念，打破课堂上的时空限制，突破“班级授课制”局限。“混合式学习”是“在线学习”与课堂“实体学习”的混合实施形式。美国研究者迈克尔·霍恩和希瑟·斯特克认为，混合式学习是一种正规的教育课程，它将学生学习一门课程或科目时的各种模块结合起来，使学生形成一种整合式的学习体

① 吴欣歆：《培养真正的阅读者——以〈小王子〉为例谈整本书阅读指导》，《中学语文教学》2017 年第 10 期，第 20—23 页。

② 李卫东：《混合式学习：整本书阅读的策略选择》，《语文建设》2016 年第 25 期，第 12—15 页。

验。“在线学习”让学生可自主控制学习时间、地点、路径或进度，“实体学习”为学生提供面对面的教师指导以及亲身体验。李卫东老师主张“在线互动”，认为“在线互动是课堂学习的基础，课堂讨论是在线互动的深化”。吴欣歆老师则主要借鉴“混合式学习”理念内核，剥离技术层面可能存在的障碍，认为可设计“教学区展板”，使之发挥类似于网络讨论平台的功能。《义务教育语文课程标准（2011年版）》在实施建议部分提倡“灵活运用多种教学策略和现代教育技术，努力探索网络环境下新的教学方式”。[①]学校教育正处于数字化转型的临界点上，“混合式学习”理念将满足学生多样化的需求，为学生采用不同途径迈向同一目标寻找更简便的方式；也可以解放教师，使他们成为学习的设计者、促进者、评价者以及咨询师，以前所未有的方式与学生对话。

整本书阅读教学的全过程并不完全依赖于课堂。多数情况下，教师要勇于突破课堂的时间边界与空间边界，可以做长、短课的安排，甚至不一定把所有教学环节都放在教室的空间里来完成。只有师生互相讨论，突破学生阅读难点这个环节，是必须在课堂内完成的。

（二）构建阅读生活

“立”指教师整合阅读空间，帮助学生构建完整的阅读生活。阅读教学真正的目的是让学生成为终身阅读者，让学生过一种重视阅读的生活。美国 TCRWP 的研究启示教师帮助学生构建阅读生活，是要让学生乐于把书从学校带回家阅读，而不是只在某一个特定环

① 中华人民共和国教育部：《义务教育语文课程标准（2011 年版）》，北京师范大学出版社 2012 年版，第 19 页。

境（学校）里开展阅读。应当让书在家庭和学校之间流动，保证学生在家里和在学校里阅读同样的书，而不是总在数本书之间切换。课内阅读与课外阅读需要互相整合，课堂学习应当与学生生活融为一体，而不是独立于学生生活之外。TCRWP 帮助学生构建阅读生活的理念与杜威“教育即生活”的思想一脉相承。杜威早在 1893 年的文章《作为道德理想的自我实现》中，就从黑格尔哲学的角度提出这一思想。杜威认为教育是一个在生活中自我实现的连续的过程，因而教育不仅是生活的准备，而且就是生活本身。[①]学生的生活不是接受完学校教育才开始，学校教育本身就是学生生活的一部分。

第三节 “整本书阅读与研讨”：教学设计

学生与教师及同伴的对话主要集中在“交流研讨”阶段进行。“交流研讨”阶段教师要发挥引导作用，实现整本书阅读的教学价值。如果说“整本书阅读与研讨”过程中有非上课不可的阶段，那就是这个阶段。

一、教学经验

要梳理实践经验，实现“交流研讨”，一种方式是“讨论课”，另一种方式是“读书会”。

---

① ［美］约翰·杜威：《杜威全集·早期著作：第四卷（1893—1894）》，王新生等译，华东师范大学出版社 2010 年版，第 40 页。

（一）讨论课

来凤华老师将讨论课的教学设计区分为两类。第一类是由教师梳理学生的问题，看看哪些是有价值的问题，哪些是核心问题，并把这些问题整合打包。例如，关于《老人与海》，一个班的学生提出了 85 个问题，主要围绕四个方面：老人为什么老梦到狮子，老人为什么老念叨孩子，老人为什么老提到棒球，为什么书名不叫《老人与鲨鱼》而叫《老人与海》。教师把四个问题放到课堂上，每个小组认领一个话题，进行讨论、分享、总结。第二类是教师凭借自己既有的文化视野、认知水平对作品产生自己的领悟和解读，在此基础上设计教学环节，作为平等的阅读主体介入学生的阅读活动中，激活学生的阅读思维。关于讨论课的教学设计，张媛老师总结出以下三种形式：推荐学生阅读名家解读文献，丰富学生认知，形成独特思考；以学生的质疑为突破口，引导学生读出书籍的精华；教师抛出问题，借助自身阅读经验，提升学生的认识。[①]

上述两类教学经验有共通之处。首先，借助名家或教师的解读，为学生提供完整思维路径。学生经过自主通读，对于作品有自己的初始理解，这种理解与专家解读或教师理解相比，还是粗浅的。学生的初始理解与目标理解之间，仍存在一定的距离；而要缩短这段距离，不能由教师直接告知学生结论，而是要让学生通过自身认知活动得出结论。教师依据文体特征，借助名家解读或自身阅读经验，梳理并为学生提供完整思维路径，这样才能深化学生的理解，因为学生阅读素养的发展，就是根植于减小差距的认知活动之中。教师

① 张媛：《和学生共读“整本书”：流程设计与策略使用》，《语文教学通讯》2016 年第 17 期。

为学生提供思维路径，可以用一个一个任务或活动的形式，也可以通过问题的形式。

其次，梳理学生的各类问题，确定思考难点。“整本书阅读”是一套完整的智力动作，学生所提问题往往处于思维路径或整套智力动作的某一点，也是学生在学习过程中实现提升的关键节点。如果学生提出的问题具有思维含量，那么将全班问题整理出来，就有可能形成一条“问题链”，与完整思维路径对应。当然，学生所提问题也可能没有思维含量，这种情形下便有赖于教师提供思维路径与关键节点来实现学生的发展。通过交流研讨，解决问题，有针对性地突破思维难点，能够使学生的阅读素养得到真实提升。

（二）读书会

“读书会”一般以班级或小组为单位。在读书会上，选择书籍后，每个成员先独立阅读，再分享交流个人对文本的反应，然后确定探究的议题，进行深入的探讨交流。读书会是学生分享阅读经验的地方，每一个成员都能像聊天一样自由地表达自己的思想与感情。读书会通过个人与文本以及成员之间的联系，帮助参与者扩展知识与思维的深度、广度，其承载的阅读观的核心是“互动建构”和“分享建构”：意义的建构基于阅读者和文本在特定阅读经验及背景中的相互作用，不同组别的阅读讨论能够使阅读者在多样的背景中建构文本的意义，阅读者群体的社会性互动有助于学生获得对文本的理解与欣赏。阅读的核心是做一个发自内心的聆听者。读书会能让学生学会彼此倾听，对彼此的发言做出回应，并开始被彼此的话语影响，这是阅读教学中非常重要的一步。学生是表达的主角，他们要做的主要是三件事：第一，表达个人的想法；第二，倾听、回应别人的想法；第三，整理、分析彼此的想法，并探索这些想法之间的关系。

读书会上的基本问题如下：①这本书里有没有什么是你喜欢的？②有没有什么是你不喜欢的？③有没有什么让你觉得困惑不解？④你有没有注意到一些固定模式在书本里重复出现？这些是主要问题。在提出主要问题后，为使学生有一个更为明确的切入点，还可以提出相关的问题，如与“困惑不解”相关的问题：“有没有什么地方让你觉得很奇怪？有没有什么情节是完全出乎意料的？你注意到有哪些地方情节明显不连贯吗？”

读书会的问题来源有几种：①可以从学生的阅读反应中获得；②随着阅读的深入可以不断生成问题；③教师如果认为需要对学生均衡地进行各方面的训练，有些话题也可以是预先给定的。在进行具体的阅读讨论时，作品特性、阅读目的、学生特点、学习资源、学习环境等都是影响话题确定的因素。

二、设计要领

做“整本书阅读与研讨”教学设计，需要以学习者为中心并关注深度阅读与批判性理解。

（一）以学习者为中心

面向21世纪的教学，应当是从“教师中心”转向“学习者中心”的教学。以学习者为中心的教学本质是从知识和经验中建构意义的深度学习过程，教学设计的基本要领是提炼学科知识的学习意义、把握学习进阶的关键特征。以教师为中心的教学更多考虑的是教科书中客观状态下的学科知识，而以学习者为中心的教学追寻的则是学科知识对于学生的学习意义。要提炼学科知识的学习意义，需要以多种活动将知识展开，为学生提供完整的思维路径。把握学习进阶的关键特征意味着教师关注的不是如何让学生弄懂知识，而是学生在学习时会发生什么，教师需要从学生的疑问中去关注学生的思维难点与发展关键点。“整本书阅读与研讨”要提炼阅读对象的教学价值，确定适宜的教学内容；把握学生阅读素养进阶的关键特征，设计合理的学习活动。

（二）深度阅读

2010 年，全美州长协会和美国各州学校主管委员会推动出台《共同核心课程标准》，强调一定要重视“深度阅读”。深度阅读的意义在于让学生通过阅读文章反思文章本身提供的观点和自己通过其他经验获得的观点，这些观点的来源包括曾经阅读过的文章、实际经验和传媒提供的信息等。“整本书阅读与研讨”在高中选择性必修和选修阶段不设学分，穿插在其他学习任务群中。比如，“中国现当代作家作品研习”任务群与“中国现当代作家作品专题研讨”任务群都涉及“整本书阅读与研讨”，阅读对象都是“中国现当代作家作品”。那么，“作品研习”与“专题研讨”有何区别？阅读鲁迅的《呐喊》《彷徨》，整体把握其思想内容和艺术特点是“作品研习”；阅读鲁迅的《呐喊》《彷徨》，探究其中祥林嫂等女性形象的诉求，是“专题研讨”。“专题研讨”更加类似美国《共同核心课程标准》提倡的“深度阅读”。普通高中语文课程结构为学生提供了不同类型的课程，教师需要在教学设计中厘清“整本书阅读与研讨”的层次结构，重视深度阅读对于学生的发展价值。

（三）批判性理解

批判性理解的关键,在于找到具有“生发性”与“整合性”的“问题”,以“问题”切入作品,以“问题解决”来引导和推动对“整本书”的理解和思辨。批判性理解的教学内容主要有五项。①理解：对作品的问题、主旨、观点的认知与判断。②分析：对“理解”做出合理的分解与辨析。在作品解读中,不能过分强调整体感知与混沌把握。没有分析的理解不可靠，这是批判性思维的一个基本观点。“分析论证”的欠缺，也是我国传统逻辑思维的一个缺陷，人们习惯于大而化之。理解，必须依托于对作品要素与结构的分析。③论证：为自己的“理解”寻找相应的事实证据与因果逻辑。本着文本事实、情理与逻辑的一致性原则，做出自己的综合判断。④评估：对自己的理解、分析与论证进行必要的反思，比如，文本事实有无出入，人物理解是否符合人性,推断是否合乎逻辑等。⑤解释：在理解、分析、论证和评估的基础上，为自己的“理解”做出完整而清晰的表达。

整本书阅读与研讨，关键是“整体”。在讨论交流时，教师始终要有整体观念。先从整体上把握整本书的脉络和走向，初步形成对书的整体印象。随着阅读的逐步深入，可以通过细节挖掘，牵一发而动全身，促进学生对整本书的理解。“整本书阅读与研讨”是语文课程不可或缺的组成部分。教师只有借鉴成功经验并思考其学理依据，在教学实践中给予学生切实指导，才能确保学生的语文学科核心素养真正得到提升。

第四节 “整本书阅读与研讨”：问题改进

从目前“整本书阅读与研讨”的教学实践来看，学生思维“碎片化”是“整本书阅读与研讨”中经常出现的现象。下面以长篇小说《水浒传》阅读为例，讨论学生思维“碎片化”问题的特征、成因及改进方法。

一、教学问题

有的教师基于《水浒传》文本的链式结构特点，在学生阅读完前二十二回以后，继续安排学生自主阅读第二十三回至第三十二回“武松落草前跌宕人生”部分（以下简称“武十回”），要求学生梳理主要事件、概括人物形象，绘制“武松人物卡”。根据人物卡完成情况，学生能够厘清“景阳冈打虎”“阳谷县遇兄”“斗杀西门庆”“一过十字坡”“醉打蒋门神”“大闹飞云浦”“血溅鸳鸯楼”“二过十字坡”等主要事件；能够在每个具体事件中提取人物特点，平均每个学生提取出二十多个特点，并用这些特点拼接出“武松”形象。比如，在“景阳冈打虎”一节，学生读到一个“为民除害的英雄”；“斗杀西门庆”一节，学生读到一个“敢作敢当的好汉”；“血溅鸳鸯楼”一节，学生又读到一个“滥杀无辜的暴徒”……所有这些“武松”拼接在一起，形成学生对武松形象的最终解释。有一位教师为了激发学生的阅读兴趣，制作了一棵“人物树”放在教室，分发给学生若干张“苹果形”红色贴纸，请学生每读完一回在“苹果形”贴纸上写下几个武松人物特点，挂在“人物树”上，最终全班收获了一树“苹果”。无论是“人物卡”还是“人物树”，都反映出学生思维

“碎片化”的问题。究其原因，很大程度上是由于教师在设计学习任务的时候，简单移植了单篇课文的教学思路。

思维“碎片化”的典型特征是信息与信息之间未建立逻辑关系，散点信息与最终结论之间未形成证据链。学生被各种情节信息包围，但是不能将这些信息点有机结合。比如武松经历的一系列事件，对学生而言都是孤立的，学生并未建立它们之间的“关联”。学生是从孤立的信息中形成观点，再简单拼接观点形成最终结论。阅读单篇短章时，同样存在上述学生连缀几个词语来解释人物形象与作品主题的现象，只是连缀几个词语比连缀二十多个词语要隐蔽得多。在“整本书阅读与研讨”中，原本隐蔽的思维“碎片化”问题便被放大了。

故事的复杂情节具有方向与目的之间的连贯性与一致性，信息之间并不是孤立的。如“武十回”中，武松曾“两受抬举”“两次下狱”“两过十字坡”，还曾“两遇”“两打”“两报仇”。一般来说，重复同一事件，会造成雷同累赘之感，作者为什么还要这样处理？如果在前后情节信息之间建立起联系，就能领会作者的意图。“两受抬举”之中可见武松的人生追求；“两次下狱”可见当时的司法状况；“两过十字坡”可见落草并非武松的主动选择；而“无意喝醉打虎”与“有意喝醉打蒋门神”则彰显英雄本色；“两次报仇”可见武松疾恶如仇；柴进庄上“初遇宋江”与落草前“再遇宋江”首尾呼应，在叙事结构上形成一个闭环，并与小说整体脉络勾连。

单篇短章的阅读中发现的常常是单一的“点”，而整本书因其信息间的关联，阅读中发现的常常是“点”与“点”之间的联系。要做到发现“点”与“点”的联系，有赖于学生养成综合比较、系统思考的思维习惯。如果听任思维停留在碎片化状态，并在语文阅读实践中始终如此,学生就会逐渐形成思维惯性,放弃深度阅读与思考,理解与认识趋于简单化与平面化,“原地踏步”而不自知。

二、成因分析

学生思维“碎片化”问题与多个因素息息相关，其中既有社会阅读大环境的影响，也有语文课程内部阅读内容与教学方式的负面干扰。

（一）网络环境冲击学生阅读思维的连贯性

“现在很多年轻人的思维方式是碎片化、拼接式的，缺少思辨，这可能和过分依赖网络有很大的关系。我们不能忽视网络的负面影响，网络也不能代替我们自己读书。”[①]以移动互联网、物联网、云计算等为代表的新一代信息技术的迅速发展，催生出新技术、新产品在各类领域的新应用。随着移动互联网的发展，阅读者的阅读平台逐渐从 PC（个人电脑）端向移动端转移，人们的阅读习惯、思维方式悄然发生变化，学生群体也不例外。从写作、发布到阅读等事务，大多在碎片化时空里完成；网络语言通常三言两语，碎片化语言成为网络写作的范式；海量信息与快速更新，迫使读者在阅读过程中不断转换关注对象，导致阅读碎片化。碎片化时空、碎片化语言与碎片化阅读，共同颠覆了阅读思维的连贯性与逻辑性，影响了阅读者的思维方式与思维习惯。

---

① 孙建辉：《读书养性 写作练脑——记第七届北京市大学生读书文化节开幕式暨“金声玉振”文化论坛温儒敏教授专场》，《中国教师》2014 年第 11 期，第 14 页。

（二）单篇短章影响学生阅读思维的系统性

整本书阅读是我国语文教育的优秀传统。20 世纪 20 年代，单篇选文与整部名著在语文课程体系内均占一定比例，“精读”选文与“略读”整本书的理念并存，精读“重在质的精审”，略读“重在量的增加”。20 世纪 20 年代、30 年代、40 年代的语文课程标准里，都明确规定了整本书阅读指导的课时比例。中华人民共和国成立以后，20 世纪 50 年代教学大纲里不再提略读整本书，而是主张课外阅读，同时规定每两周从阅读课中划出 1 课时进行课外阅读指导。自主阅读整本书的时间大部分在课堂时间之外，但这并不意味着学生可以不阅读，教师可以不指导。叶圣陶早在 1942 年就指出：“读惯了单篇短章，老是局促在小规模的范围之中，魄力就不大了；等遇到规模较大的东西，就说是两百页的一本小书吧，将会感到不容易对付。”[①]在较长一段时期内，学生的阅读实践以单篇短章为主，这在一定程度上影响了学生阅读思维的发展。整本书的内容阅读起来具有比较大的信息量与开放性，能够为学生提供更广阔的思维空间，因而增加整本书阅读在语文课程中的比例具有合理性。

（三）教学方式干扰学生阅读思维的整体性

长期以来，教师一般通过提问来推动课堂教学与学生思维的进程，但是提问过程中“碎问碎答”现象非常普遍，标志是教师行为与学生行为的转换率特别高。如果采用“S-T（学生—教师）分析方法”观察“碎问碎答”式课堂，对教学过程中教师行为（T 行为）和学

① 中国教育科学研究院编：《叶圣陶语文教育论集》，教育科学出版社 2015 年版，第 59 页。

生行为（S 行为）两个维度进行编码，并在坐标纸中绘制课堂教学的整体形态，可以看出，若教师不断提问，学生不断回答，师生行为转换率高，课堂会呈现“碎片式”形态，学生的思维也会因此缺乏完整性与系统性。《普通高中语文课程标准（2017 年版）》以“学习任务群”作为课程内容的基本组织单位，以学习任务的方式推动教学进程与学生思维，这样一来学生完成学习任务需要更长久和更完整的思考时间，师生行为转换率将大幅度降低，S-T 分析图则会呈现“台阶式”或“攀登式”形态。学生完成一个完整的学习任务，需要展开一套完整的智力动作。如果完成学习任务有困难，教师可以为学生提供思考支架，但是不宜长期将完整的思维活动拆分为分解动作，影响学生思维的整体性。

三、教学改进

学生思维“碎片化”的问题不仅影响阅读质量，而且影响思维的发展与提升。要消除思维“碎片化”问题的成因，在倡导经典阅读与纸质阅读的同时，在教学实践中也需要在阅读内容与教学方式方面进行相应调整。学生的阅读内容应包括一定比例的单篇与合理比例的整本书；教学过程中需要摒弃“碎问碎答”的教学方式，可以采用“主问题”或“学习任务”等形式推动学生思维发展。除此之外，针对学生思维“碎片化”问题的典型特征，教师需要给予学生思维路径的指导，帮助学生形成文本信息与阅读结论之间的证据链。

（一）依据线索，联结信息

“整本书阅读与研讨”过程中，教师务必指导学生建立起信息之间的逻辑联系，让思维路径成为“由点成线，由表及里”的。由“点”成“线”，即依据一定的线索，将多个事件联结成情节脉络。“整本书阅读”的“整”具有完整、整体的意思，包括对全书脉络的通盘把握和对全书内容的周延思考。如阅读“武十回”，可以设计“以事件发展或人物身份变化为线索，绘制武松人生曲线图”任务。第一步是提取信息点，即概括主要事件或武松身份，如武松的身份有：寄人篱下的落魄者、打虎英雄、阳谷县武都头、为兄复仇者、艺高人胆大的打手、张都监的亲随、受陷害的囚犯、愤怒的觉醒者、假行者、被迫落草的贼寇。第二步是勾勒情节脉络，在曲线图中，不仅要体现时间的横向推移，还需体现人物经历“起”与“伏”的纵向变化。成为“武都头”以及“张都监的亲随”时，武松两受抬举，曲线图应该体现“起”；成为“为兄复仇者”与“受陷害的囚犯”时，武松两次入狱，曲线图应该体现“伏”。

由“表”及“里”，即从“脉络”与“结构”中寻找系列事件的共同要素与本质意义。中国古代文论中喜欢以人体组织作比，各文体文学皆有“脉络”之说。清人方东树《昭昧詹言》就是这样讲文章的脉络的：“譬名手作画，无不交代溪径道路明白者。然既要清楚交代，又不许挨顺平铺直叙，骙蹇冗絮缓弱。汉、魏人大抵皆草蛇灰线，神化不测，不令人见。苟寻绎而通之，无不血脉贯注生气，天成如铸，不容分毫移动。”[①]西方叙事学研究则强调结构，认为结构是一个更大

① 方东树：《昭昧詹言》，汪绍楹校点，人民文学出版社1961年版，第27页。

的概念和框架，它是情节的组织方式。情节是故事的血肉，而读者还需要读出血肉间的脉络、骨骼及其背后的深层内涵。从“武松人生曲线图”中，“一遇宋江—酒醉打虎——受提拔（武都头）—第一次报仇—第一次入狱——过十字坡—醉打蒋门神—二受抬举（张都监亲随）—第二次入狱—第二次复仇—二过十字坡—再遇宋江”，可以看到故事两次大的起伏与反复，这是一个“二段体”的故事。两次“起”皆是武松武艺高强“打”出来的，从中可见武松的人生追求——凭借一身本领得到他人的赏识重用。金圣叹点评“武松平生一片心事，只是要人叫声好男子”。两次“伏”都因他人情欲、贪欲以及司法不公正。最终武松打打杀杀、逞勇使气，落草二龙山。从故事脉络与结构中，读者不仅能够读出人物的性格特征，更能够窥见人物的价值追求、官府的黑暗无道与人性的深渊。一次“起”与“伏”，也许事出偶然；两次“起”与“伏”，异中有同，揭示本质，指向主题。通过整合人物经历，建立信息联系，读出文脉与结构，学生的思维得以推进，进而抵达有理有据的深层理解。

（二）借助理论，建构观点

建立起信息之间的关联之后，还要通过合理推理与建构，帮助学生在文本信息与阅读结论之间构建证据链。推理与建构是沿着理性的、逻辑的路径进行信息加工的复杂思维，需要借助阅读经验与理论。如借助叙事理论家米克·拜尔的“综合塑造人物形象四原则”来形成对武松人物形象的解释。四原则包括重复、积累、关系与转变，“重复”指各种信息中对人物相关特点的重复提醒；“积累”指各种特征累积起来互相完善，或共同解释某种异常行为；“关系”指关注人物与其他人物的关系，小说中人与人发生关系，就是一个让人的表层瓦解和深层暴露的过程；“转变”指人物在故事发展过程中变化的程度。在阅读“武十回”过程中，可以看到作者多次重复武松机警的特点，如景阳冈打虎前在酒店喝酒，酒家好意提醒武松不要单独过冈，武松认为酒家留宿有可能是想谋财害命；为兄长报仇时，一句“何九叔、郓哥都被武松留在房里”，可见武松十分注意保护人证；一过十字坡时，武松察觉孙二娘在酒中下药，而两个公人全被放倒……尽管故事结构中没有一件事专写武松机警，但是作者利用细节多次重复，因而学生可以借助“重复”原则将分散的依据组成证据链。再如，武松为人如此机警，却对蒋门神、张团练伙同张都监所设的圈套毫无察觉，似乎不合常理。借助米克·拜尔的“积累”原则，把人物各种特征累积起来共同解释这种异常行为，读者就可以看到武松内心如此渴望被赏识与重用，因此才会在被张都监抬举时放下了所有的警惕。同理，由此也可以理解武松初遇宋江时，尽管宋江一再挽留，他也坚持回清河县看望兄长，但是在阳谷县被提拔为都头后，却停下了寻兄的脚步。其他叙事理论原则也非常重要。许多作品中塑造的人物形象都有过转变，一种是文本提供相关人物的新信息，让读者改变对人物的看法或更深入地认识该人物；另一种是故事里发生的事件改变了人物，把主人公打出正常轨道，让人物变得更复杂。在这两种塑造方式中，人物的发展与变化对读者来说都是一个信号，提醒读者思考哪些信息是促使人物转变的决定性因素，哪些文本信息对理解人物形象具有最本质的价值。

在阅读过程中，读者一方面需要依赖文本内部的联系建立起连贯性，另一方面也需要借助自身的经验与知识去填补篇章中的脱漏与断续。阅读心理学研究者引入“图式”这一概念，认为“图式”是阅读主体自身具有的认识结构。在阅读过程中，主体的图式具有选择、组织、变换、综合信息的功能。接受美学研究者用“期待视野”来描述读者接受的心理基础。从这个角度而言，读者自身的阅读水平会影响阅读结论的质量。对于语文教育来说，学生的“图式”或“期待视野”的构建，一方面依赖自身积极的语文实践，另一方面也需要教师为学生提供有价值的理论与知识，帮助学生找到“门径”。

语言是重要的交际工具，也是重要的思维工具；语言的发展与思维的发展相互依存，相辅相成。学生的思维发展与提升是培养语文学科核心素养的重要方面，在语文实践过程中，教师一定要及时发现学生的思维问题，使学生的思维方法与思维品质得到真实的发展。

第四章
“整本书阅读与研讨”的未来展望：构建学生阅读生活

“培养读书兴趣，让学生多读书，读好书，好读书，是语文教学的‘牛鼻子’。……但在实际教学中，这个理念却又难于落实。很多学校的语文课堂还是精读精讲加反复操练，课改之后则又加上太多的‘活动’，但读书还是太少，课外阅读量得不到基本的保证。一个中学生每学期就学那么一二十篇课文，无论再‘高明’的教法，恐怕也难以提升学生的语文素养。”[①]这段话精准概括了目前我国中小学语文课程实施的基本状况。尽管《义务教育语文课程标准（2011 年版）》与《普通高中语文课程标准（2017 年版）》均强调“读整本书”，但是实际课程实施受到众多因素影响。一般来说，课程设计得越好，实施起来就越容易，效果也就越好。但是，课程设计得再好，如果得不到真正实施，那也就没有什么意义了。回到本书一开始谈及的“落差”问题，针对如何解决“课程文件要求与学校实施现状之间的

① 温儒敏：《〈中学整本书阅读课程实施策略〉序言》，《语文教学通讯》2018 年第 14 期，第 79 页。

落差”，本章将从影响教学实施的因素出发，展望“整本书阅读与研讨”的未来发展。

第一节 “整本书阅读与研讨”的课程计划

“课程计划”指制订的课程变革的目标以及实现目标的具体方案。在课程从规划、设计到实施的过程中，从课程决策者、编制者到教师和学生，经历了好几重转换。课程计划本身的特性是课程实施的一个重要变量。因此，实施“整本书阅读与研讨”教学时，在课程计划层面必须进行科学合理的设计。

一、“整本书阅读与研讨”的课程价值取向

只要从事一定的课程实践活动，必然会有某种相对稳定的课程价值取向。课程价值取向作为课程的价值倾向性，无论是显性还是隐性，总会在课程中有所体现。“整本书阅读与研讨”的课程价值不仅体现了“整本书阅读与研讨”对人的某种需要的满足，还体现了人对于“整本书阅读与研讨”的主动追求。

（一）“整本书阅读与研讨”的课程价值冲突

从古今中外“整本书阅读与研讨”的教学实践来看，“整本书阅读与研讨”主要有“培养应试阅读者”“培养独立阅读者”“培养成熟阅读者”“培养终身阅读者”四种价值取向。教师可以从两个层次来审视这四种价值取向：第一个层次是“应试教育”与“素质教育”

之间的矛盾；第二个层次是“本体价值”与“工具价值”之间的失衡。

1.“应试教育”与“素质教育”的矛盾

“培养应试阅读者”与“培养独立阅读者”“培养成熟阅读者”“培养终身阅读者”之间存在着矛盾，其本质是“应试教育”与“素质教育”的矛盾冲突。“应试教育”将通过考试、获得高分作为教育的唯一目标，在训练学生应试的过程中往往造成学生片面发展。但是，绝大多数家长与学生还是选择投身于应试教育的竞争中，以便为自己在高考中争得一席之地，这背后其实是眼前利益与长远利益的矛盾与较量。长远利益是学生全面而自由的发展，眼前利益则是学生以最直接的方式获取高分。目前，考试分数是人才选拔最具权威性的评价标准，学生通过分数的竞争实现学历的分流，而学历的分流会造成所从事工作的分流，所从事工作的分流会造成将来所占社会物质财富的差别以及所处社会阶层的区别。因此，许多家长、学生甚至学校、教师选择屈从于眼前的利益。“素质教育”的教育理念与“应试教育”的教育实际之间的矛盾斗争在教育界经久不衰，从一定程度上可以说，这并不是一个教育问题，而是社会问题，它牵动着无数社会群体的切身利益和需求。

“培养应试阅读者”只是“素质教育”与“应试教育”矛盾冲突的表现之一。从家庭层面看，家长关注学生在学校的学科考试成绩，自然是考试最容易考什么，学生就该学什么。持有这种观念的家长会认为语文教材以外的书籍对学科考试毫无益处，甚至侵占了学生的时间。不少爱好阅读的学生因为阅读课外书而受到家长的指责，甚至被家长武断制止。从学校层面看，升学率高的学校才被称为“好学校”，教师不得不服从应试教育模式，使出浑身解数做好“教与考的统一，练与考的结合”，因而绝大部分班主任和任课教师认为课外阅读对学生无益，并断然反对学生进行课外阅读。也有教师认为中、高考整本书阅读所占分值有限，花费大量时间来指导学生阅读整本书并不划算。从学生自身看，电视、网络游戏及通俗读物形成了课余生活的三大消遣方向，多数学生把课余时间花在看电视、阅读从小摊买的廉价低质的漫画等通俗读物上，还有部分学生迷恋游戏。整体而言，学生在阅读中的主体意识在逐渐丧失，逐渐沦为被动的阅读者，阅读能力的发展主要集中在学习考试答题技巧上。在教学实践中，学生甚至为了应对中考、高考中的“名著阅读”试题而对文学常识、内容提要进行记忆背诵，以此取代真正的阅读。

“培养应试阅读者”服从人们的功利性目的，却违背了“培养全面而自由发展的人”的教育本质目的。应试能力仅仅是学生综合发展的一个层面，不能将其放大，以分数作为唯一的目标追求。素质教育强调学生全面发展，面向全体学生，尊重学生的兴趣和特长，发展学生的主体性，才真正体现现代学校教育的目的与诉求。与此相反，应试教育的主要目的是教学生应付考试或为高一级学校输送新生，极力渴求考试分数提升，注重教育短期效应，具有强调知识灌输、面向少数学生、无视全面发展和压制个性等价值取向。2006年，我国修订了《中华人民共和国义务教育法》，其第一章第三条明确规定“实施素质教育”，素质教育由过去的“教育政策”提升为“国家法律”，实施素质教育已是依法施教和依法治教的集中体现。因此，在课程计划层面首先要解决好“应试教育”与“素质教育”的矛盾。

2.“本体价值”与“工具价值”之间的失衡

西方对课程价值始终有两种截然不同的看法：一种把课程视为

手段，其价值由某个外在的目的赋予；一种认为课程本身就是目的，因而具有内在的善或价值。如杜威认为，课程的价值在于其社会工具性，本身并没有自在的目的，只有把课程当作一种引导儿童去了解社会生活情境的工具和促进社会进步的手段，它才有真实的意义。彼得斯则承认人们确实可以从工具意义上去看待学校课程中的大部分活动，但是人们之所以选择科学、数学、文学、历史、哲学和艺术作为课程，而不选择扑克作为课程，是由于课程有内在的或固有的价值。

“培养独立阅读者”、“培养成熟阅读者”与“培养终身阅读者”之间存在“工具价值”与“本体价值”的区别。本体价值是指“某些东西作为目的，本身就是内在善的，值得想往的，或有价值的”[①]，也可以称为内在价值或目的价值。“培养终身阅读者”重视的是阅读自身的价值，即阅读本身所固有的、独立于外在目的的善的品质。“工具价值”是“一种外在的，或有益的善，或作为一种手段的善”。[②]“培养独立阅读者”与“培养成熟阅读者”侧重实现阅读的教育价值，即将阅读视为一种手段，认为阅读的价值在于在阅读中学会阅读技能、方法、策略等。叶圣陶所持的“教材是例子”的观点，重视的就是教材的“工具价值”。“阅读”不仅具有工具价值，也具有本体价值。

目前中小学阅读教学的最大失误之一，恐怕是将精力过多地放在了阅读技术上，相对忽视了对阅读主体的培育。许多学生与书籍痛苦奋战多年，不只错过很多值得学习的东西，而且一生都将阅读

---

① ［美］弗兰克纳：《伦理学》，关键译，三联书店 1987 年版，第 168 页。

② 同上，第 167 页。

和痛苦联系在一起。教师要阻止这种痛苦的产生，让学生爱上阅读，并使他们在毕业后继续阅读，成为终身阅读者。吉姆·崔利斯强调：不是要教孩子“如何”阅读，而是要教孩子“渴望”阅读。一个跑得很快的人，可能不爱跑步，而对于身体健康真正有益的是喜爱并坚持锻炼，将锻炼作为生活方式。同理，学校教育培养出的成熟阅读者，有一些可能走上社会后不再愿意阅读，而对于人生真正有价值的是热爱阅读、坚持阅读，将阅读作为生活的一部分。在课程计划中要处理好“整本书阅读与研讨”的“本体价值”与“工具价值”之间的平衡。

（二）“整本书阅读与研讨”的课程价值选择

比较中美两国整本书阅读教学实践，会发现两国在课程价值选择上有所区别。中美两国在“培养独立阅读者”的投入上有较大差异。美国《不让一个孩子掉队》（NCLB）法案中指出：“当美国进入了充满希望与光明的21世纪时，却有许多儿童仍生活在贫困的过去。今天，将近70%的城区四年级学生在国家阅读测验中未达到基本的阅读水平。……我们国家正逐渐地被分为两个‘国家’。一个‘国家’的公民具备阅读能力，而另一个‘国家’的公民则不具备这种能力，一个‘国家’的公民心怀理想，而另一个‘国家’的公民则没有理想。”因此，美国在“培养独立阅读者”方面进行了大量的研究和投入，比如建设“儿童分级阅读”体系。最著名的分级阅读体系是以下五种：指导阅读体系、蓝思（Lexile）分级法、阅读发展评价体系、阅读校正体系及阅读能力等级计划。以“指导阅读体系”为例，它是由凡塔斯和皮内尔（Fountas & Pinnell）两位阅读专家开发的一套图书分级系统，将图书按 A—Z 进行分级，共 26 级，从 A—Z 难度递增。分级的主要标准包括：全文词汇数量、单词数量、高频词汇数量与比例、低频词汇数量与比例、句子长度、句子复杂度、句义明晰度、句式、印刷规格、每页词汇数、插图信息量、思想深度、主题熟悉度等。其中客观因素靠电脑分析，主观因素如图例、句子复杂度、思想内涵等则靠训练有素的分级阅读专家进行分析。

相比而言，我国在“培养独立阅读者”方面尽管没有美国的投入大，但是并没有出现学生大比例不能独立阅读的状况。周有光提出的“汉字效用递减率”模型指出了其中的一个重要原因。这个模型表明，1000 个汉字已经能够覆盖现代汉语阅读文本的 90%，再加上 1400 个字，达到 2400 个字，覆盖率就增加了 9%，达到 99%。对照美国“学生在独立阅读水平下必须能够准确阅读书中 95% 的单词；在指导下阅读的水平则必须达到准确破译书中 90% 到 94% 的内容”的要求，1000 个汉字已经能够确保中国学生达到“在指导下阅读”的状态。因此，识字教学的初期，就汉字的应用价值而言，要尽量教覆盖率高的字。

表 1 周有光“汉字效用递减率”模型[①]

字种数	增加字数	合计字数	覆盖率（%）
1000		1000	90.000
1000	1400	2400	99.000
2400	1400	3800	99.900
3800	1400	5200	99.990
5200	1400	6600	99.999

① 王宁：《汉字构形学导论》，商务印书馆 2015 年版，第 244 页。

在“汉字效用递减率”的基础上，王宁指出：选择初期积累字需要考虑以下多方面的条件：第一，字频高，对语料的覆盖率高；第二，选择儿童心理词典中存储词的用字；第三，构字频度高；第四，构形简单，构意明显；第五，适当选择虚词，以便组句。[①]初期积累字的数量可以根据具体情况确定，如果选择精准，一般为300—400字。《义务教育语文课程标准（2011年版）》后所附的基础字，就是在上述条件下，利用汉字多元参数数据库综合优选，经过协调产生的。周有光与王宁的研究成果为我国“培养独立阅读者”做出了重要贡献。

但是，“培养独立阅读者”既具有“工具价值”，也具有“本体价值”。在“工具价值”层面，“培养独立阅读者”是“培养成熟阅读者”的基础；在“本体价值”层面，“培养独立阅读者”是“培养终身阅读者”的基础。美国在注重“培养独立阅读者”工具价值的同时，也为“培养终身阅读者”打下了良好基础。从TCRWP的课程结构来看，学生学习独立阅读的过程与学会热爱阅读的过程是同步进行的。每一名学生的阅读课程都是从讨论阅读生活开始，教师会询问“家里是否有一本自己最喜欢的书”“睡前故事和阅读时间”或谈论“生活中如何用小纸片、雪糕棍做书签”“生活中的阅读场所”等。校长会在教室里向学生介绍自己的阅读清单、正在阅读的书，以及自己平时参加的读书俱乐部等。因此，比较中美两国的阅读课程教学实践及其体现的课程价值，会发现我国阅读课程教学的优势与存在的问题。对于“培养终身阅读者”，我国需要进一步加强重视。这些不同也可以解释我国2016年《第十三次全国国民阅读调查报告》

① 王宁：《汉字构形学导论》，商务印书馆2015年版，第246—251页。

与美国《2016年阅读报告》的结果之间存在的差异。

课程价值取向是课程的灵魂与核心，课程价值取向会影响课程理论研究者设计具体的课程，也会决定教育实践工作者如何在实践中实施一项具体的课程方案。影响课程价值取向的因素有社会历史条件、知识发展水平、学生发展特点等，其中社会历史条件是影响课程价值取向的根本因素。裴娣娜认为，新一轮基础教育改革中，课程价值取向应指向实现人的全面发展，实现科学与人文的整合以及回归生活；在我国长期占据核心地位的是唯知识论的课程思想，是一种工具理性论，而改革后的课程目标应是一种发展性目标，以主体教育论为基础，使人全面发展，实现人与社会的协调。①价值问题本质上是一个选择性的问题，“整本书阅读与研讨”的课程价值取向应当超越以往具有浓重的“技术”倾向的传统课程价值，避免只见“物”不见“人”，应以“人”为焦点，把所有构成课程的资源及其所涉及的方面都有机地统一在学生发展上，培养终身阅读者。

二、“整本书阅读与研讨”的课程标准表述

从“整本书阅读与研讨”的历史发展经验来看，课程标准的表述的确对于课程实施状况有重要影响。

（一）规定性

回顾课程发展历史，许多重大的甚至影响深远的课程改革计划

① 裴娣娜：《论我国基础教育课程研究的新视域》，《课程·教材·教法》2005年第1期，第3—8页。

不是昙花一现、中途夭折，就是其实施结果与原先的理想相去甚远。反思个中原因，这些课程改革的倡导者常常过多关注改革的理想或蓝图，却对课程实施的过程极少关注。因此，课程计划与课程实施的关系问题值得深入思考。

增强课程计划的规定性是确保课程计划落实的需要。一般来说，课程计划的质量和实用性越高，课程计划落实的程度也越高。这里的“质量与实用性”是指课程计划所要求的、所提供的课程资料的质量和可利用性。从“整本书阅读与研讨”的历史发展经验来看，课程计划的质量和实用性确实对于课程实施情况有非常大的影响。郑桂华认为，课程标准里关于“整本书阅读”的一些表述“规定性不高”[①]，也是从这个角度来论述的。

增强课程计划的规定性也是为了防止课程实施中出现变异。时间是学生最宝贵的资源。同样的时间，学生用来学习什么、如何学习是非常重要的课程与教学研究课题。早在1859年，英国哲学家、社会学家、教育学家斯宾塞就曾经追问“什么知识最有价值”。国家课程是由国家内部最优秀的专家开发的，对于课程目标、内容、方法与评估进行了科学的设计，尽量确保学生最为科学合理地学习。目前，许多国家把推出强有力的国家课程视为迎接21世纪挑战的重要举措，例如美国制定的《共同核心课程标准》。当然，国家课程在课程实施中是会出现差异的，有些属于合理的课程创生，有些属于不合理的课程变异。一些教师在课程实施中存在着较大的随意性，特别是关于“整本书阅读与研讨”，完全按照个人意愿来进行教学，

---

① 郑桂华：《整本书阅读：应为和可为》，《语文学习》2016年第7期，第4—8页。

其合理性值得追问与思考。因此，一方面要强调支持地方、学校参与课程改革，倡导设计因地制宜、丰富多彩的地方课程、校本课程；另一方面也要强调国家课程的规定性，防止因为随意导致的学生学习时间的无效与浪费。教育部一再强调为学生“减负”，不是说让学生该学的不学，而是说要慎重安排学生的学习内容，因为学生的学习时间是最宝贵的资源。

（二）系统性

“培养终身阅读者”不是一项简单的任务，需要在课程标准层面进行系统规划。系统性与层次性是紧密相关的。一方面，从课程价值实现的角度说，小学、初中、高中的“整本书阅读与研讨”应该具有一以贯之的系统性，特别是“培养终身阅读者”，一定要从小学低年级起步，重视早期阅读。另一方面，从学生认知发展特点的角度说，小学、初中、高中的“整本书阅读与研讨”应该区分不同的阅读层次。前文谈及莫提默·J. 艾德勒与查尔斯·范多伦合著的《如何阅读一本书》一书中将阅读划分为四个层次[①]，其中较高层次的阅读包含了较低层次阅读的特性；第四层次是最高的阅读层次，包括和超越了其他三个阅读层次。下面将详细介绍这四个阅读层次。

第一层次的阅读，可以称为基础阅读（elementary reading），也可以称之为初级阅读、基本阅读或初步阅读。一个人只要熟习这个层次的阅读，就摆脱了文盲的状态，成为独立阅读者。这个层次的学习通常是在小学时完成的。这个层次的大部分困难是技术性的问

---

① ［美］莫提默·J. 艾德勒、查尔斯·范多伦：《如何阅读一本书》，郝明义等译，商务印书馆 2004 年版，第 18—40 页。

题，有些可以追溯到早期阅读教育的问题。克服了这些困难，通常人们能读得更快一些。

第二层次的阅读，可以称为检视阅读（inspectional reading），也可以称为略读或预读。在这个阅读层次，必须在规定的时间内完成一项阅读的任务，譬如可能要用15分钟读完一本书。如果用另一种方式来形容这个层次的阅读，就是在一定的时间之内，抓住一本书的重点。检视阅读并不是随便或随意浏览一本书，而是系统化略读（skimming systematically），目标是从表面去观察这本书，学习到书的表象所教给你的一切。如果第一层次的阅读所问的问题是："这个句子在说什么？"那么这个层次要问的典型问题就是："这本书在谈什么？""这本书的架构如何？""这本书包含哪些部分？"大多数阅读者，甚至有许多优秀的阅读者，忽略了检视阅读的价值。他们打开一本书，从第一页开始读起，孜孜不倦，甚至连目录都不看一眼。因此，他们会在只需要粗浅翻阅一本书的时候，却花上了仔细阅读、理解一本书的时间，这就加重了阅读的难度。

第三层次的阅读，称为分析阅读（analytical reading）。分析阅读就是全盘的阅读、完整的阅读，或者说优质的阅读——一个人能做到的最好的阅读。如果说检视阅读是在有限的时间内最好也最完整的阅读，那么分析阅读就是在无限的时间内最好也最完整的阅读。分析阅读永远是一种专注的活动，读者会紧紧抓住一本书，一直读到这本书的内容成为他自己的为止。如果一个人的目标只是获得资讯或消遣，就完全没有必要用到分析阅读，因为分析阅读的目的就是理解。相应地，除非读者有相当程度的分析阅读的技巧，否则很难从对一本书不甚了解进步到对之具备更多一点儿的理解。

第四层次的阅读，称为主题阅读（syntopical reading），也可以用另外的名称来指代，如比较阅读（comparative reading）。这是所有阅读中最复杂也最系统化的阅读。在做主题阅读时，阅读者会读很多书，而不是一本书，并列举出这些书之间的相关之处，提出一个所有的书都谈到的主题。但只对书本字里行间进行比较是不够的，主题阅读涉及的远不止此。借助所阅读的书籍，主题阅读者要能够架构出一个可能在哪一本书里都没提过的主题分析。很显然，主题阅读是最主动也最花力气的一种阅读。

《普通高中语文课程标准（2017 年版）》的整体设计、统筹安排体现了层次性与差异性。普通高中语文课程由必修、选择性必修、选修三类课程构成。三类课程分别安排 7—9 个学习任务群。必修课程 8 学分；选择性必修课程 6 学分；选修课程共需修 12 学分，由学生自己选择相应课程修满。选择性必修与选修之间注重阅读层次的区分。例如，同为“中国现当代作家作品”，选择性必修阶段是“作品研习”，选修阶段是“专题研讨”，分别对应了分析阅读与主题阅读。目前，关于语文课程、语文教学的概念与观点众多，如“单元教学”“专题教学”“主题教学”“群文阅读”“学习任务群”等。当一个新的概念或观点出现时，从小学、初中至高中，都会开始推广。如果学生分析阅读的能力很差，是没有办法进行主题阅读的，但是在教学实践中，很可能低层次的阅读还没有好好完成，教师就开始组织学生进行各种高层次的阅读了。因此，语文课程标准要进行系统的规划。

表 2　普通高中语文课程结构及学分

<table>
<tr><th>必修（8学分）</th><th>选择性必修（6学分）</th><th>选修（任选）</th></tr>
<tr><td>整本书阅读与研讨
（1学分）</td><td colspan="2" rowspan="3">（整本书阅读与研讨、当代文化参与、跨媒介阅读与交流在选择性必修和选修阶段不设学分，穿插在其他学习任务群中）</td></tr>
<tr><td>当代文化参与
（0.5学分）</td></tr>
<tr><td>跨媒介阅读与交流
（0.5学分）</td></tr>
<tr><td>语言积累、梳理与探究
（1学分）</td><td>语言积累、梳理与探究
（1学分）</td><td>汉字汉语专题研讨
（2学分）</td></tr>
<tr><td>文学阅读与写作
（2.5学分）</td><td>中华传统文化经典研习
（2学分）</td><td>中国传统文化专题研讨
（2学分）</td></tr>
<tr><td rowspan="2">思辨性阅读与表达
（1.5学分）</td><td>中国革命传统作品研习
（0.5学分）</td><td>中国革命传统作品专题研讨
（2学分）</td></tr>
<tr><td>中国现当代作家作品研习（0.5学分）</td><td>中国现当代作家作品专题研讨
（2学分）</td></tr>
<tr><td rowspan="2">实用性阅读与交流
（1学分）</td><td>外国作家作品研习
（1学分）</td><td>跨文化专题研讨
（2学分）</td></tr>
<tr><td>科学与文化论著研习
（1学分）</td><td>学术论著专题研讨
（2学分）</td></tr>
</table>

第二节　“整本书阅读与研讨”的课程实施

课程实施指把课程计划付诸实践的过程，是达到预期课程目标的基本途径。从古德莱德的五个课程层次来看，观念层次的课程和社会层次的课程是处于课程计划、课程采用阶段的课程，而学校层次的课程、教学层次的课程和体验层次的课程则是处于课程实施阶段的课程。

一、学校：课程实施的组织与领导

从普遍意义上讲，学校领导对课程计划的实施担负着领导、组织、安排、检查等职责。对于“整本书阅读和研讨”而言，学校在课程实施层面担负着更重要的职责。美国课程论专家施瓦布认为，课程的基本要素包括学科内容、学生、环境、教师。环境是指学习赖以发生并使学习结果得以产生的那种环境，它包括教与学的发生场所——课堂与学校，还包括家庭、社区、特定的阶级或种族群体。根据施瓦布的观点，艾登·钱伯斯的“阅读循环”应当扩展为一个三层的结构：内层是教师的指导，外层是学生的活动，最外层是教师指导与学生学习赖以发生的支持环境。“整本书阅读与研讨”课程需要运行在适宜的环境之中。“橘生淮南则为橘，生于淮北则为枳，叶徒相似，其实味不同。所以然者何？水土异也。”课程方案设计得再合理，如果没有合适的课程运行环境，也很难达成预期效果。学校要承担创设课程环境的主体职责。

目前许多学校拥有图书馆，有一定量的藏书，但是它们的利用率并不高，主要是因为缺乏从课程角度出发的顶层设计。关于在学校层面如何做好创设阅读环境的顶层设计，江苏省锡山高级中学进行了成功的探索。

江苏省锡山高级中学创设阅读环境案例①

2011 年 8 月，我校成为江苏省语文课程基地，基地建设面

① 张克中：《培养终身阅读者，培养负责任表达者——江苏省锡山高中语文学科宣言的诞生》，《人民教育》2014 年第 13 期，第 34—36 页。

临学科建设的方向性问题。学校请专家论证，内部展开广泛的研讨，最终语文基地建设的理念确定为“用改变的环境改变师生”，直指语文课程基地建设的根本任务——改变教师的教学方式与学生的学习方式。“改变环境”是指改变教师教学环境和学生学习环境，通过环境变化逼迫师生教与学的变化。我们重点在两个方面努力：一是改变阅读环境，二是增加体验性学习环境。改变阅读环境对接了最初的语文学科宣言“培养终身阅读者”的理念，我们建设了图书馆浅阅读区（学生无须任何借阅手续可随时进入阅读）、新华书店阅读区（新华书店进驻学校，其中另辟一个区域供学生免费阅读）、班级书屋（学校在三个年级和国际部建设70间班级书房，每间书房配置自然和人文科学领域书籍300余本），学生可随时就近根据需要自由阅读。增加体验性学习环境，建设了实验剧场、演讲厅和辩论厅。课程理论和语文学科教学实践经验一再表明，有意义的学习主要来自有体验的学习，而传统的语文教学方式无法从丰富的渠道保障学生的学习是有体验的。现在，我们想用一些带有强烈体验性学习色彩的环境鼓励教师从事体验性教学，鼓励学生体验地学习，从而实现语文教学方式和语文学习方式的改变。

从锡山高级中学的实践探索来看，首先，学校要有关于学校培养目标的整体思考。例如，锡山高级中学语文学科的培养目标是“培养终身阅读者，培养负责任表达者”。其次，要根据学校培养目标以及学校具体现状设计整体实施方案。例如，锡山高级中学根据“培养终身阅读者”目标确定了“用改变的环境改变师生”的整体实施方案。最后，要根据整体实施方案落实具体举措。例如，锡山高级中学建设了班级书屋等。许多学校只从具体措施着手，在学校公共区域建设一个开放的阅读空间，但是学生经过时并不阅读，导致阅读空间最终发挥的是美化环境的作用，而不再有对“整本书阅读与研讨”课程实施发挥支持课程运行作用的功能。

二、教师：课程实施的参与与执行

教师是课程实施过程中最直接的参与者。对于新的课程计划成功与否，教师的素质、态度、能力的适应和提高是关键影响因素。事实表明，一些课程计划没有取得预期效果，并不是课程计划本身的问题，而是由于教师不积极参与或不能适应。“不积极”是针对教师的态度而言，“不适应”是针对教师的能力而言。

教师参与课程变革的积极性、主动性越高，课程变革的落实程度就越大。教师对课程变革的态度很重要，如果对课程变革这项活动并无“专业关切”，教师将不会为课程变革付出额外的努力。要想提高教师的参与积极性，需要加强教师间的交流与合作。交流可以是课程编制者与实施者之间的交流，也可以是实施者彼此之间的交流。在交流课程计划方面的情况时，课程编制者可以告知实施者隐含在课程中的一些基本假设、价值取向，可以提供一些有利于课程实施的建议。实施者之间的交流则可以使实施者了解彼此课程实施的情况、存在的问题以及一些值得借鉴的做法等。

虽说通过各种交流可以提高教师的理解和认识，但课程实施的一些技能、方法、策略，还是需要通过一定的培训才能获得。至少要让年级组长、教研室主任或骨干教师接受比较正规的培训，使他们发挥表率的作用。学校所在的行政区域应在教师培训方面发挥主要作用。行政区域从事课程变革越积极，课程变革计划的落实程度也就越大。反之，行政区域越保守，落实一项新的课程变革计划就越会困难重重。

对于“整本书阅读与研讨”而言，目前教师在课程实施层面遇到的难以解决的问题主要有以下几类。第一类是学生阅读时间少，解决这类问题的关键不在于一线语文教师的努力，这属于课程计划的系统规划以及学校的价值选择问题，关键在于语文课程标准里是否有具体的课时规定，学校领导重视“培养考试阅读者”还是“培养终身阅读者”。第二类是学生阅读兴趣淡，解决这类问题的关键在于处理好“学生自由阅读”与“师生共读一本书”的关系。从“培养终身阅读者”的角度说，给予学生自主选择性非常重要；从“培养成熟阅读者”的角度说，师生共读与研讨非常重要。第三类是学生阅读能力差，这个问题的解决主要依赖于语文教师的努力，“整本书阅读与研讨”区别于“单篇课文阅读与研讨”的教学价值体现在全书结构的整体性与文化内涵的深刻性上，教学过程要相应体现出“整”的特点，不要只关注一鳞半爪，要让学生在原有基础上有针对性地提升到更高水平。

三、外部因素：课程实施的支持与保障

除了教育系统本身对课程实施的影响，学校所处的外部环境也是影响课程实施的重要影响因素。以芬兰为例，在国际学生评价项

目中，芬兰学生的阅读成绩排名明显领先于其他经济合作发展组织成员国及地区。芬兰学生在阅读方面的傲人表现与芬兰的学校教育、家庭教育及社会教育环境都是分不开的。

在许多关于芬兰教育的研究报告中，都提到了图书馆。芬兰学生的阅读能力强，与学校、社会重视图书馆的作用有密切的关系。芬兰全国目前有一千多个图书馆，包括市立图书馆、专业图书馆及各学校的图书馆，人均占有图书馆的比例居世界首位。芬兰中央和城乡政府联合投资建立全国图书馆网络服务，为所有人免费提供借阅服务。从儿童到老人，只需在图书馆办理借书证，就可以借阅图书并免费上网咨询信息。各图书馆还可根据读者的要求，利用全国图书馆网络从其他图书馆借调图书。为了鼓励学生借书、读书，学校所在的市镇每年都对借书最多的学生给予奖励。芬兰图书馆的服务也很周到，每周有流动图书馆免费到农村学校巡回送书。如此完善周到的免费图书馆网络服务，既有利于芬兰人保持喜爱读书的传统，又能充分满足芬兰人的求知欲望。根据芬兰教育部统计，芬兰44% 的学生每月都从图书馆借书，平均每年借 13 次，每年每人从图书馆借阅 20 种图书和音像制品。

芬兰的家庭教育在促进学生阅读方面也功不可没。芬兰教育部的报告指出，芬兰家庭注重培养儿童养成阅读和书写的良好习惯，父母大多有在家阅读、念报、讲童话给孩子听的习惯，使孩子在家里种下喜欢阅读的种子。在芬兰，家庭被赋予相当大的教育责任，芬兰家长可利用多种社会资源教导孩子。家长们通常喜欢带孩子上图书馆，那里会有为学龄前儿童设计的活动，如婴儿、幼儿的故事时间等。对于博物馆,也有许多父母会推着娃娃车去参观。正因如此，芬兰儿童从小就打下了良好的阅读基础。据赫尔辛基市教育局的统计，接受学前教育的儿童有30%已能读写，上学一两个月后，90%的学生具有了学习能力。[①]

美国著名阅读研究与推广者吉姆·崔利斯在其《朗读手册》一书的扉页上引用了一段话，英国的爱丽森·戴维（Alison David）也在《帮助你的孩子爱上阅读》一书的扉页上引用了同一段话。

> 你可能拥有数不清的财宝，
> 成箱的珠宝和满柜的黄金。
> 但是你永远不会比我富有——
> 因为我有一个读书给我听的妈妈。
>
> ——史斯克兰·吉利兰《阅读的妈妈》

阅读是学习和教育的基础。如果一个孩子为快乐而阅读，这就是他未来可能取得成功的一个最重要的标志，比父母的教育背景或社会地位要重要得多。故事的魔力和童年早期与家长一起阅读的经历，是父母与孩子建立亲情心理联结的一种神奇的方式，并且能让孩子为快乐而阅读。

---

① 陈洪涛，陈丽桦：《芬兰学生的高阅读能力从何而来》，《基础教育参考》2008年第2期，第37页。

结 语

“教师教学认识与教学行为之间存在落差”与“课程文件要求与学校实施现状之间存在落差”，归根结底是课程计划与教学实施之间的一致性出现了问题，这也许是每一位教师培训工作者在培训过程中必然会遭遇的状况。对于笔者来说，这个问题在“整本书阅读学程开发与实施”教师培训项目中便出现了。

课程实施是把新的课程计划付诸实践的过程，而新的课程计划通常蕴含着对原有课程的变革，课程实施就是力图在实践中实现这种变革，这就要求课程实施者做出一系列的调整，包括对个人习惯、行为方式、课程重点、课程安排等进行一系列的重新组织。课程实施的过程实质上就是要缩小现有的实际做法与课程设计者所提出的构想之间的差距。教师培训者一方面要清楚了解新的课程计划的意图和课程目标，另一方面要能够研究课程实施的技能、方法、策略。只有在付诸实践的过程中，才能体会变革的艰难。

变革不是因为艰难才具有价值，变革是因为能够解决问题才具有价值。“整本书阅读与研讨”一方面是语文课程内部的教育问题，另一方面也是重要的社会问题。从语文课程内部而言，四十年前的“吕叔湘之问”，不仅向语文教育者提出了问题，其中也隐含了答案。

从社会角度而言，国民阅读与国家强盛息息相关，阅读是全世界都在关注的话题。例如，在明治维新之后走上现代化道路的日本，十分注重阅读和国民教育，注重高端科技人才的培养。世界书籍史研究专家指出，日本的读者读书量很大，其中一个重要的原因是在日本有一种共识，即个人有义务去阅读，除了通过读书获取信息知识外，人的培养也是通过书本文化的陶冶来实现的。在日本人看来，在像日本这样缺乏资源的国家中，教育是一种资源。学生不具备阅读能力，意味着国家综合实力的下降。还有一个科技创新能力强、充满活力的国家——以色列，同样给人们以启示，引发人们对全民阅读的重视和思考。以色列一直位居全球高等教育拥有比例排名前三位，依靠对知识和文化的重视，人口稀少、资源也不优厚、面临复杂国际环境的以色列成为世界科技强国之一。犹太社会拥有久远的阅读传统，儿童开始学习识字、读书时，要举行隆重的仪式，这个传统可以追溯到中世纪。在犹太家庭的日常生活中，家长非常注重培养孩子爱书、读书的习惯。母亲会把蜂蜜滴在书本上让孩子舔食，目的是让孩子从小就知道书是甜的，从而建立起对书的喜爱之情。犹太人还用书来祭奠死者，他们把书奉献给死者以示尊重和敬畏，在他们看来，灵魂也是会读书的。在安息日，各种经营性的公共场所都要歇业关门，甚至公交也停运，只有书店被允许照常营业。[①]阅读是犹太文化中的一种美德和重要组成部分。

西班牙加泰罗尼亚地区的“圣乔治节”有一个传说：美丽的公主被恶龙困于深山，勇士乔治只身战胜恶龙，解救了公主。公主回

① 于殿利：《国民阅读与国家强盛》，《新阅读》2018 年第 10 期，第 33—34 页。

赠给乔治的礼物是一本书，从此书成为胆识和力量的象征。“圣乔治节”期间，加泰罗尼亚地区的居民有赠送玫瑰和图书给亲友的习俗。世界读书日的灵感正是源自西班牙的“圣乔治节”。1995 年，国际出版家协会在第 25 届全球大会上提出设立“世界图书日”的设想，并由西班牙政府将方案提交给联合国教科文组织。1995 年 11 月 15 日，联合国教科文组织宣布，将每年的 4 月 23 日确定为“世界读书日”（全称为“世界图书和版权日”）。选定 4 月 23 日的理由是这一天是西班牙著名作家塞万提斯和英国著名作家莎士比亚的辞世纪念日。“世界读书日”设立的目的是希望散居在世界各地的人，无论年老还是年轻，无论贫穷还是富裕，无论患病还是健康，都能享受阅读的乐趣，都能尊重和感谢为人类文明做出巨大贡献的文学、文化、科学大师，都能保护知识产权。节日当天，世界各地书店都要悬挂醒目的节日形象标志——一本打开的书，中间是一颗心，以倡导“用心读写、保护版权”的人文理念；世界各国都会举办各种活动以唤醒世人重拾阅读的兴趣，推动更多的人去阅读和写作。

为了响应联合国教科文组织读书的号召，中国在 1997 年 1 月，由中央宣传部、文化部、国家教委、国家科委、广播影视部、新闻出版署、全国总工会、共青团中央、全国妇联九个部委共同印发《关于在全国组织实施“知识工程”的通知》，提出实施“倡导全民读书，建设阅读社会”的“知识工程”。这是以发展图书馆事业为手段，以倡导读书、传播知识、推动社会文明与进步为目的的一项社会文化系统工程。2004 年，“全国知识工程领导小组”将每年的“全民读书月”活动交由中国图书馆学会负责承办。中国图书馆学会为了进一步激发全民读书的热情，推动学习型社会、学习型组织、学习型家庭的建设，从 2004 年起在全国大范围举办大型活动，让全国公众都了解“世界读书日”。

优秀的书籍给予人们的，不是单纯的知识，也不是瞬间即逝的刺激，而是生存的自信，是做人必备的才智和勇气。它们唤醒人们的心灵，使人对生命的尊严肃然起敬。一个不读书的民族注定要沦为智力、思想和文化方面的侏儒，也会丧失发展的竞争力。读书是为增强自身的力量，更是为国家培育生产力和在世界上的竞争力。阅读应当是每个人终生的事业。

参考文献

（一）著作

1. [美] 吉姆 · 崔利斯 . 朗读手册（最终修订版）[M]. 陈冰译 . 北京：新星出版社，2016.

2. [美] 露西 · 麦考密克 · 卡尔金斯 . 如何创设适宜的阅读环境与课程？ [M]. 祝玉娟译 . 北京：教育科学出版社，2018.

3. [美] 露西 · 麦考密克 · 卡尔金斯 . 如何培养良好的阅读品质？ [M]. 韦丽平译 . 北京：教育科学出版社，2018.

4. [美] 露西 · 麦考密克 · 卡尔金斯 . 如何设计阅读教学工作坊？ [M]. 丁义静，马楠译 . 北京：教育科学出版社，2018.

5. [美] 露西 · 麦考密克 · 卡尔金斯 . 如何有效运用阅读教学策略？ [M]. 林玲译 . 北京：教育科学出版社，2018.

6. [美] 斯蒂芬 · 克拉生 . 阅读的力量 [M]. 李玉梅译 . 乌鲁木齐：新疆青少年出版社，2012.

7. [日] 斋藤孝 . 深阅读：信息爆炸时代我们如何读书 [M]. 程亮译 . 南昌：江西人民出版社，2016.

8. [英] 艾登 · 钱伯斯 . 打造儿童阅读环境 [M]. 许慧贞译 . 北京：北京联合出版公司，2016.

9. [英] 艾登 · 钱伯斯 . 说来听听：儿童、阅读与讨论 [M]. 蔡

宜容译 . 北京 : 北京联合出版公司，2016.

10. [英] 爱丽森·戴维 . 帮助你的孩子爱上阅读 [M]. 宋苗译 . 北京 : 北京联合出版公司，2016.

11. 顾黄初,李杏保 . 二十世纪后期中国语文教育论集 [C]. 成都 : 四川教育出版社，2000.

12. 顾黄初,李杏保 . 二十世纪前期中国语文教育论集 [C]. 成都 : 四川教育出版社，1991.

13. 顾黄初 . 叶圣陶语文教育思想讲话 [M]. 北京 : 开明出版社，1994.

14. 课程教材研究所 .20 世纪中国中小学课程标准·教学大纲汇编 : 语文卷 [S]. 北京 : 人民教育出版社，2001.

15. 张厚粲，李文玲，舒华 . 儿童阅读的世界Ⅳ : 学校、家庭与社区的实践研究 [C]. 北京 : 北京师范大学出版社，2016.

16. [美] 莫提默·J. 艾德勒，查尔斯·范多伦 . 如何阅读一本书 [M]. 郝明义等，译 . 北京 : 商务印书馆，2004.

17. 吴欣歆，许艳 . 书册阅读教学现场 [C]. 北京 : 教育科学出版社，2016.

18. 徐林祥，李明高 . 徐林祥 李明高研读叶圣陶 朱自清《精读指导举隅》《略读指导举隅》[C]. 北京 : 高等教育出版社，2016.

19. 中国教育科学研究院 . 叶圣陶语文教育论集 [C]. 北京 : 教育科学出版社，2015.

20. 中华人民共和国教育部 . 普通高中语文课程标准(2017 年版) [S]. 北京 : 人民教育出版社，2018.

21. 中华人民共和国教育部 . 普通高中语文课程标准(实验) [S].

北京：人民教育出版社，2003.

22. 中华人民共和国教育部. 全日制义务教育语文课程标准（实验稿）[S]. 北京：北京师范大学出版社，2001.

23. 中华人民共和国教育部. 义务教育语文课程标准（2011 年版）[S]. 北京：北京师范大学出版社，2012.

24. 中国新闻出版研究院，江苏省全民阅读办. 国外全民阅读法律政策译介 [C]. 译林出版社，2015.

（二）论文

25. 陈洪涛，陈丽桦. 芬兰学生的高阅读能力从何而来 [J]. 基础教育参考，2008（2）.

26. 程翔. 从“整本书阅读”的学科定位谈起 [J]. 中学语文教学，2017（1）.

27. 黄厚江. 整本书阅读教师要先读 [J]. 中学语文教学，2017（10）.

28. 李怀源. 由叶圣陶“读整本书”思想谈小学整本书阅读 [J]. 课程·教材·教法，2009（4）.

29. 李卫东. 混合式学习：整本书阅读的策略选择 [J]. 语文建设，2016（25）.

30. 李卫东. 整本书阅读教学的几种偏向 [J]. 中学语文教学，2018（1）.

31. 李煜晖. 略谈整本书阅读课程方案的设计 [J]. 中学语文教学，2017（2）.

32. 王栋生. 不靠“热”，靠理性的“韧”——我看“整本书阅读” [J]. 中学语文教学，2018（1）.

33. 王彤彦．整本书阅读教学设计策略［J］．中学语文教学，2017（2）．

34. 温儒敏．忽视课外阅读，语文课就只是半截子的［J］．课程·教材·教法，2012（1）．

35. 温儒敏．培养读书兴趣是语文教学的“牛鼻子”——从“吕叔湘之问”说起［J］．课程·教材·教法，2016（6）．

36. 吴欣歆．培养真正的阅读者——以《小王子》为例谈整本书阅读指导［J］．中学语文教学，2017（10）．

37. 吴欣歆．语文课程视野下的整本书阅读［J］．课程·教材·教法，2017（5）．

38. 吴欣歆．阅读整本书，整体提升语文学科核心素养［J］．中学语文教学，2017（1）．

39. 徐鹏．整本书阅读：内涵、价值与挑战［J］．中学语文教学，2017（1）．

40. 许艳．学生思维“碎片化”问题与改进——以《水浒传》整本书阅读与研讨为例［J］．语文学习，2018（7）．

41. 许艳．学生阅读思维典型问题与教学改进——以“整本书阅读与研讨”任务群为例［J］．基础教育课程，2019（6）．

42. 余党绪．“整本书阅读”之思辨读写策略［J］．语文学习，2016（7）．

43. 余党绪．整本书阅读：读经典、学思辨、练读写——《鲁滨逊漂流记》“思辨读写”实践［J］．语文学习，2017（6）．

44. 余闻婧．如何为学生设计学程——美国哥伦比亚大学师范学院读写项目的启示［J］．当代教育科学，2018（9）．

45. 张瑞影 .“通读指导”促进学生“整本书”的有效阅读［J］. 中国教育学刊，2018（2）.

46. 张媛 . 和学生共读“整本书”：流程设计与策略使用［J］. 语文教学通讯（B 刊），2016（17）.

47. 郑飞艺 .“整本书阅读交流”：特点与教学策略［J］. 语文学习，2011（5）.

48. 郑桂华 . 整本书阅读：应为和可为［J］. 语文学习，2016（7）.

49. 郑美玲，邵伟霞 . 初中“整本书阅读”教学实践三种课型探究［J］. 中国教育学刊，2018（S1）.

50. 郑逸农 . 整本书阅读要强化学科意识［J］. 中学语文教学，2018（1）.

附录一　一个人　一座孤岛　28 年的生存

——《鲁滨逊漂流记》通读学程手册[①]

班级　　姓名

① 本学程手册供学生自主通读《鲁滨逊漂流记》时使用。主创教师：北京市中央商务区实验学校苗壮老师。参与教师：齐宝成、陈纛、张丽琴、王蕊、张雪、杨柯慧、吴春红。学程手册系“整本书阅读学程开发与实施”培训项目成果之一。

资料补充

一、作者简介

丹尼尔·笛福（1660—1731 年），英国小说家，英国启蒙时期现实主义小说的奠基人，被誉为“欧洲小说之父”。

笛福出生于英国首都伦敦，他有下层中产阶级的家庭背景，他的父亲是一个蜡烛制造商（也有地方说是经营屠宰业）。由于家庭的影响，他 20 岁时已经成为一个体面的小商人了。他把一切希望都放在商业活动中，做过烟酒生意、做过内衣制作中间商，也开办过工厂。

他虽然没有上过大学，只有中学学历，但是练就了一手好文章。在宗教信仰上，他信奉新教，并且反对英国当时的国教的统治和压迫，出版过讽刺政府的小册子，并且从事政治活动，1702 年被捕入狱。后来，因为政治言论，他又被捕过几次。因此，他的一生都是在不断入狱与破产中度过的，始终没能实现他的理想——成为一个大商人。

笛福在 59 岁时开始写小说。1719 年，他的第一部小说《鲁滨逊漂流记》发表，大受欢迎。他成功地塑造了一个理想化的资产者的形象，这是欧洲小说史上的一项创举。此后，他又创作了《辛格顿船长》《杰克上校》《摩尔·弗兰德斯》等小说，这些小说对英国及欧洲小说的发展都产生了巨大的影响以及推动作用。

二、故事原型

这部小说是笛福受当时一个真实故事的启发而创作的。1704 年 9 月，一名叫亚历山大·塞尔柯克的苏格兰水手与船长发生争吵，被船长遗弃在离智利 400 英里的胡安·费尔南德斯群岛中一个叫马萨捷尔的小岛上。不过，他登岛的时候，是带着盛有工具的工具箱的。在荒岛上生活 4 年零 4 个月之后，也就是 1709 年 2 月，他被伍兹·罗杰斯船长所救。塞尔柯克和鲁滨逊都有捕山羊、驯养山羊、以羊皮为衣的经历，也都被猫骚扰并和猫做过伴，还都抽时间向上帝祈祷过。但是，塞尔柯克被救时已经忘记了人类的语言，完全变成了一个野人。笛福以塞尔柯克的传奇故事为蓝本，但在小说的创作过程中，又从自己对时代的感受出发，把自己多年来的海上经历和体验倾注在人物身上，以资产阶级上升时期的冒险进取精神和 18 世纪的殖民精神塑造了鲁滨逊这一形象，使"鲁滨逊"不仅成为当时中小资产阶级心目中的英雄人物，而且成为西方文学中第一个理想化的新兴资产者，使一段只能引起一时轰动的海员历险故事，变成一部意义深刻的文学名著。

三、创作背景

笛福创作小说时正处于威廉三世至安妮女王统治时期，是资产阶级全盛时期。世界各国都可以见到资产阶级的身影，他们依靠强大的海军舰队，来到新的大陆上，疯狂扩张、四处开垦。英国作为一个老牌资本主义国家，通过不断对外扩张与殖民，成了当时伟大的日不落帝国。

四、作品地位

这部小说是航海探险小说的先驱，被认为是第一部用英文以日记形式写成的小说，被誉为英国第一部现实主义长篇小说。

美国《生活》杂志于1985年在百万读者中开展评选“人类有史以来的最佳书籍”活动，最后推选出20种“最佳书籍”,《鲁滨逊漂流记》排名第二。

1986年入选法国《读书》杂志推荐的“个人理想藏书”书目。

《鲁滨逊漂流记》问世近300年,至今一直在世界各国广泛流传，魅力经久不衰。这部小说之所以如此富有魅力，一个很重要的原因就在于它通过鲁滨逊的遭遇表达了对人生磨难的独到见解。每一个人都有可能遭遇磨难，因此,《鲁滨逊漂流记》对人生磨难的见解打动着每一位读者，得到他们不同程度的认可与共鸣。作者不仅对鲁滨逊的冒险经历与磨难做了扣人心弦的描述，而且作为一个具有新兴资产阶级典型意识的作家，在作品中把人的勤劳、智慧、勇敢、毅力和创造才能提到了前所未有的高度。作者深信,作为万物灵长的人类，有力量战胜厄运、征服自然，并最终获得他希望向生活所索取的一切。如今时代虽然不同了，但是鲁滨逊作为开拓者的那种坚毅顽强、勇于进取的精神，对于奋进不息的人类来说，具有永恒的吸引力。

五、版本建议

[英]丹尼尔·笛福：《鲁滨逊漂流记》，鹿金译，商务印书馆2017年版。

阅读计划

阅读章节			阅读日期	计划用时	实际用时	任务要求	完成情况
第一章	矢志远航	第一节　出海					
		第二节　奴隶					
		第三节　逃离					
		第四节　在巴西					
		第五节　风暴					
第二章	荒岛生活	第一节　搬运					
		第二节　安家					
		第三节　振作					
		第四节　日记					
		第五节　求生					
		第六节　生病					
		第七节　探索					
		第八节　三年					
		第九节　大陆					
		第十节　巡游					
		第十一节　乐岛					
		第十二节　足印					
		第十三节　野人					
		第十四节　威胁					
		第十五节　炮声					
		第十六节　较量					
		第十七节　“星期五”					
		第十八节　希望					
		第十九节　战斗					
		第二十节　君臣					
		第二十一节　英国船					
		第二十二节　平息叛乱					
		第二十三节　准备返回英国					

续表

<table>
<tr><th colspan="3">阅读章节</th><th>阅读
日期</th><th>计划
用时</th><th>实际
用时</th><th>任务
要求</th><th>完成
情况</th></tr>
<tr><td rowspan="3">第三章</td><td rowspan="3">回归文明</td><td>第一节　我成了富翁</td><td></td><td></td><td></td><td></td><td></td></tr>
<tr><td>第二节　陆路历险</td><td></td><td></td><td></td><td></td><td></td></tr>
<tr><td>第三节　重返荒岛</td><td></td><td></td><td></td><td></td><td></td></tr>
<tr><td colspan="3">阅读用时建议</td><td colspan="3">关于阅读速度，建议每分钟阅读大约500字；建议每天阅读30分钟；全书两周内完成阅读。</td><td>阅读实际用时</td><td>总计
(　　)
分钟</td></tr>
</table>

阅读任务一

阅读第一章，为鲁滨逊制作个人简历。

鲁滨逊

国籍：　　　　出生年份：　　　　愿望：

出身阶级情况

（请以书中语句为依据填写表格，并注明页码。）

家庭成员情况

关系	职业	现状

海上冒险经历

	时间	地点	事件（出海缘由、主要经历、结果）	对远航的态度
第一次		出发地： 目的地：		
第二次		出发地： 目的地：		
第三次		出发地： 目的地：		

阅读任务二

阅读第二章，根据鲁滨逊在荒岛上的生活细节，盘点鲁滨逊在荒岛上生活时展现的生存技能。

章节　页码	遇到的困难	解决困难的办法	鲁滨逊的品质

观察表格，鲁滨逊在荒岛生活中遇到的最大困难是什么？他又是如何克服的呢？

阅读任务三

阅读第二章第一节至第六节，完成以下任务。

1. 完成鲁滨逊荒岛生活“起始物资清单”。

回船上次序	取回了何物品
第一次	
第二次	
分类（任选角度）	

2. 那场病对荒岛上的鲁滨逊来说，是一场劫难，也是一次收获，请你完善《鲁滨逊病历表》。

鲁滨逊病历表			
病因	症状（包含病情变化）	治疗方法	对《圣经》态度变化

阅读任务四

阅读第二章第七节至第十一节。

1. 在岛上居住一段时间后，鲁滨逊开始了一次长时间的“离家出走”——探索全岛。请根据本部分以及之前的描写，简单概括岛上的基本情况或绘制简单的小岛地图。

提示：标示方位与地形，标出鲁滨逊登岛的地点以及为自己搭建的第一所建筑的位置。

2. 请以思维导图的形式呈现鲁滨逊制陶的流程。

3. 鲁滨逊在荒岛上的生活渐入佳境，称自己的小岛为“乐岛”，并认为“我过的生活比我以往的一切放荡不羁的、该受诅咒的、污秽卑劣的生活不知要幸福多少”。请结合鲁滨逊出海前以及在荒岛第一年的生活状况，从物质和精神（比如安全感等精神需求）等方面说说“乐岛”乐在哪些方面。（可以分条阐述，也可以用思维导图方式展示）

阅读任务五

阅读第二章第十二节至第十六节。

1. 这是鲁滨逊流落荒岛以来对他影响颇深的一个足印，让鲁滨逊时刻陷入恐惧心理，请梳理鲁滨逊感到恐惧后所采取的措施。

2. 鲁滨逊在救野人“星期五”之前有着一次又一次的考虑，请以思维导图的方式写出他的顾虑，也可以用文字概括出他每一次的考虑，并结合文本内容分析鲁滨逊为何出手救野人。

阅读任务六

阅读第二章第十七节至第二十三节。

1. 鲁滨逊在______年____月____日离开了小岛，这个日子是他在________上发现的，说明他在岛上待了______年____月____天。这个日子恰巧与他________________________________的日子是同月同日。

2. “星期五”的出现为鲁滨逊的生活带来了哪些变化?

3. 在这一部分内容中，哪些地方展示了“希望”，为什么?

阅读任务七

阅读第三章，“我以后也许会再来叙述的”，如何理解全书最后一句话？请结合鲁滨逊的性格特点对鲁滨逊的结局做出推测和判断。

阅读任务八

请分别为全书三章中的鲁滨逊设计微信名字和个性签名。

例：

第一章

微信名字：赶海少年。

个性签名：长风破浪会有时，直挂云帆济沧海。

设计理念：少年的鲁滨逊矢志远航，自己的梦想就是“直挂云帆济沧海”，寻找未知的精彩。

第二章

微信名字：荒岛岛主。

个性签名：自己动手，丰衣足食。

设计理念：极具生存能力的鲁滨逊在荒岛上建立了自己的“乐岛”，过着丰衣足食的日子。

第三章

微信名字：老当益壮。

个性签名：老骥伏枥，志在千里；烈士暮年，壮心不已。

设计理念：有着冒险梦想的鲁滨逊，即使回归了现代文明，也会一直航海冒险。

阅读任务九

请结合全书内容与个人思考，为学程手册设计封面。形式可以多种多样。如果你擅长创作，就直接将之展现在学程手册封面上，也可将设计理念写在封面上。

阅读任务十（任选其二）

1. 梳理全书鲁滨逊“荒岛 28 年大事记”。请以图尺标史的形式完成，即用“时间 + 事件”的形式。（在书上用彩色标签标注出时间、重大事件后，将其梳理在一张 A4 纸上）

图尺标史示例

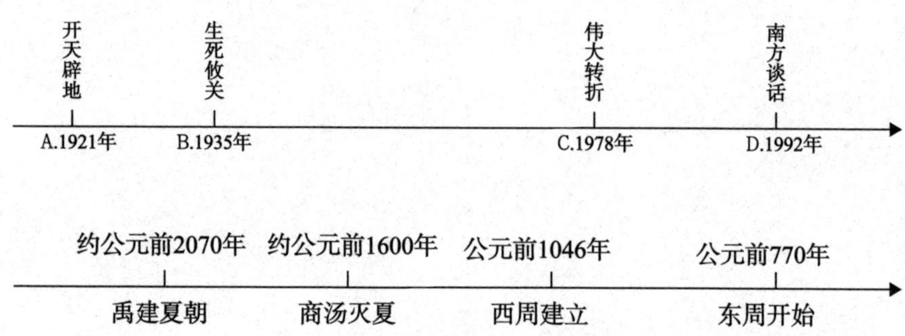

2. 请根据“荒岛 28 年大事记”，按顺序排列出 5 件对鲁滨逊荒岛生存最有意义的事件，并说明理由。

3. 请根据自己的阅读体验，将“荒岛生活”划分为几个阶段，选取某一角度重新拟定每个阶段的小标题。

4. 根据“荒岛 28 年大事记”，鲁滨逊不仅是军事家、思想家，还有着多种身份，请你以思维导图的形式将之表现出来。

5. 鲁滨逊是怎样调整自己的悲观情绪的，你从中学到了什么？

6. 假如你面临鲁滨逊那样的生存环境，你觉得自己会像他一样游刃有余吗？你在哪些方面还有所欠缺？

7. 请选取书中有力量的话语，为自己制作《鲁滨逊漂流记》主题书签。

阅读任务十一（选做）

交州（现广西、越南一带）有一位姓徐的商人，靠做海外贸易维生。有一次他驾船出海，被海风吹到了一个到处都是深山密林的地方。到这个地方停驻以后，他不知道自己身处何方，为了弄清楚自己所在之处，他背着一些粮食，就到海岛深处去探险。走着走着，他走到悬崖边的洞口，听到洞里似乎有人说话的声音，又像野兽的号叫，还像鸟的鸣叫声。这激起了他强烈的好奇心。

他看到里面有两个夜叉，长得非常可怕，牙齿好像排列着的刀剑，眼睛好像巨大的灯笼，伸出两只手来，五指好像锐利的钢叉。看到这些他转身就想跑，两只夜叉发现了徐某，便马上放下正在口中撕扯的鹿，捉住了他，开始撕扯他的衣服，好像要把他吃掉的样子。

徐某吓坏了，千钧一发之际，徐某想起来身上还带着肉，于是急中生智，马上掏出来献给夜叉。夜叉吃完之后感觉还不错，又伸手要，一直要到徐某已经没有肉了，夜叉又开始生气地撕扯他的衣服，准备吃掉他。徐某说："你们别吃我，我的船上还有食物，我去拿给你们。实在不行，船上还有锅，我做新鲜的给你们吃，可好？"夜叉没有听懂，徐某用手比画了一番，夜叉才明白了。他们押着徐某到船上去拿锅，回来之后把夜叉之前没吃完的半头鹿放在锅里煮，给他们吃。夜叉觉得不错，就没有吃徐某。第二天，夜叉又去抓活鹿来让徐某煮，洞里陆陆续续来了二十多个夜叉，一起围着徐某烹饪这只鹿。徐某做了十几锅，夜叉们吃得很满意。从此以后，徐某就成了夜叉群里面的厨师了，并在这里找到了自己的立身之地。

过了一段时间，夜叉们觉得徐某一个人太孤单了，就给他找了一个母夜叉。徐某一开始是不大愿意的，但是渐渐发现这个母夜叉非常喜欢他，对他也很热情、主动。徐某接受了母夜叉，他们相处得也很好，母夜叉还给他生了两个儿子、一个女儿。孩子们都长得不像夜叉，都像徐某。

有一天，夜叉们都被一种激动的氛围所笼罩，大家聚在洞口，每个人还佩戴了一串珍珠项链，感觉在迎接贵客。母夜叉告诉徐某，今天是要迎接天王。她忽然想起徐某还没有“骨突子”，其他夜叉听说了之后都从自己的项链中取出几颗，母夜叉穿成了项链给他戴上。徐某看了看自己的珍珠项链，发现这些珍珠每一颗都又大又圆，如果拿回中国去卖，价格都在 100 两银子以上。

夜叉群里突然有些躁动，有一个身形巨大的夜叉如乘风而来一般，来到大家中间并坐下了。这个时候大夜叉发现了徐某，询问了情况。大夜叉也吃了徐某做的肉，很满意。大夜叉发现徐某的“骨突子”很短，便把自己的珍珠拨了 10 颗给他。他一看，大夜叉的珍珠格外的漂亮，拿回中国简直是无价之宝。后来，他继续在这里生活着，他的孩子也逐渐成长起来。

有一天，母夜叉带着小儿子、小女儿出去打猎了。徐某的思乡之情油然而生，徐某带着大儿子到了海边，发现自己以前的那艘船还在那里，于是他带着大儿子回了中国。到了中国，徐某开始贩卖珍珠，才卖了几颗，就过上了衣食无忧的生活。大儿子在中国，取名叫徐彪，他凭着自己的力大无穷，入了军队，十八岁就凭军功做到了副将。

在机缘巧合下，徐彪再次去到夜叉国，把自己的母亲、弟弟、妹妹接回中国，一家人生活在一起。

阅读上文蒲松龄的《夜叉国》的白话译文，设想如果鲁滨逊流落到夜叉国，会发生什么事情呢？为什么徐某与鲁滨逊的反应会不一样呢？

附录二　荒岛何以成“乐岛”

——《鲁滨逊漂流记》主题探究教学设计[①]

一、设计意图

（一）指导思想

1. 课程标准的具体要求。

《义务教育语文课程标准（2011 年版）》对 7—9 年级学生的阅读目标和内容有如下要求：“欣赏文学作品，有自己的情感体验，初步领悟作品的内涵，从中获得对自然、社会、人生的有益启示。对作品中感人的情境和形象，能说出自己的体验。”在评价学生文学作品阅读方面，则相应提出“着重考查学生感受形象、体验情感、品味语言的水平,对学生独特的感受和体验应加以鼓励”等要求。此外，强调阅读教学要“加强对课外阅读的指导，开展各种课外阅读活动，创造展示与交流的机会”。

---

① 本教学设计发表于《中国多媒体学报》，系“整本书阅读学程开发与实施”培训项目培训成果之一，作者为北京市中央商务区实验学校苗壮。

2. 文学批评的相关理论。

小说分析批评理论通常从小说中区分出三个构成部分，即情节、人物塑造和背景。小说叙述性结构传统上称为“情节”，情节通常包含冲突：人与自然之间、人与人之间、人与自己之间的冲突。这一系列冲突是在时间中发生的，是由主人公以一条线或一个方向的方式向前推进的。如果在时间顺序的叙述结构中加进新的元素，人物就会显示出变化的过程。

结合上述理论，《鲁滨逊漂流记》展现了主人公鲁滨逊从矢志远航到流落荒岛，最终回归文明社会的一系列情节。就荒岛生存这一部分内容而言，鲁滨逊先是面临着与陌生自然环境的冲突，紧接着野人出现，相应出现了鲁滨逊与野人之间的冲突，实际上也是鲁滨逊所代表的当时先进的英国社会与荒蛮落后的小岛文明之间的冲突。在解决冲突的过程中，学生们对理性实干的鲁滨逊的形象有所了解，有了自己独特的情感体验，同时能够探究在鲁滨逊成为传奇人物过程中，人类文明发展成果提供了哪些支撑。

（二）文本分析

1. 文学价值。

《鲁滨逊漂流记》出版于 1719 年 4 月。书一出版，立即引起轰动，在 9 个月内再版 5 次，流传广泛。这部作品之所以具有永久的魅力，原因有很多。首先，作者塑造了鲁滨逊的传奇形象。他先是被俘为奴，后来又因船只失事，独自一人被困荒岛 20 余年，历经种种挫折，却百折不挠，力争用乐观的心、勤劳的双手和理性思考的大脑掌握自己的命运，是一个实干、苦干、巧干的出色人物典型。这样一个无畏的人物，当然会博得读者的同情和喜爱。

其次，鲁滨逊漂洋过海的经历也具有很大的吸引力。由于笛福编织故事的手段高明，鲁滨逊作为航海者、工具制造者和商人的身份被紧紧地融合在一起，他由此成为一个个性鲜明的人物。笛福创造了一个又一个精彩的情节，吸引读者进入故事，产生共鸣。

最后，由于笛福所处的时代独具特点，笛福所写的鲁滨逊醉心于远洋贸易，甚至包括贩卖黑人，这都带有那个时代殖民者开拓疆土的历史局限。同时鲁滨逊在荒岛上的生活实际上是一幅人类进化的缩影：从野果采集、野兽捕猎和牲畜饲养、粮食种植，再到造工具、造器皿和造船，这些情节深刻地指向了主题：人类文明是不断发展的。

2. 教学价值。

通过阅读《鲁滨逊漂流记》，学生不但认识了一个实干、苦干、巧干的典型人物，理解了小说主题，而且在阅读策略和阅读能力方面得到了发展。

（1）策略建构。

①内容重构。

内容重构是指阅读主体基于进一步的研究目的，在通读全书后，提取相关信息，按照新的形式重新组合信息并将之呈现出来的策略。可用书中“绝望岛”“像国王”这样的关键词引导学生跳读全书、提取信息，梳理统整“乐岛”的乐趣所在，进行内容重构。

②图文转换。

图文转换是指文字信息与图形或图画之间的相互转换。学生可将梳理出来的“乐岛”的乐趣，以多样的图画方式呈现出来。在交流展示中，图画作为一种可视化的学习工具，可以为认知风格不同的学习者搭建平台，从而使他们实现理解的深化。

（2）能力提升。

①提取整合能力。

阅读小说最基本的要求是读懂情节，能够提取和组合其中的信息。读懂情节是进一步理解人物和主题的重要基础。学生应当对鲁滨逊的“乐岛”生活进行梳理，只有了解“乐岛”生活“乐”在何处，才能全面探究“乐岛”成因，从而深入理解小说主题。

②比较分析能力。

对小说中不同要素进行比较有利于探究人物性格、理解小说主题。鲁滨逊不同阶段的岛上生活状况之间的比较、不同物品对鲁滨逊荒岛生活的意义之间的比较、不同条件下鲁滨逊的生活水平之间的比较、鲁滨逊与野人的生活水平之间的比较等，都能引发学生对“乐岛”成因的思考。

③想象推断能力。

小说是虚幻与现实结合的艺术，会带领读者体验不同的经历，前提是调动起读者的想象。学生通过合理想象，如“假设没有遇到那艘海船，鲁滨逊的岛上生活会怎么样？”“如果野人‘星期五’没有遇见鲁滨逊，生活会是什么样？”，把自己置身于小说具体情境中，再根据自己读出来的人物形象和环境推断情节的走向，这样的思考路径会引导学生“设身处地”地深入思索小说主题。

④全面思考能力。

通过多角度地全面思考才能深入理解小说主题，获得更多的人生启迪。学生初读本书后，印象深刻的是曲折离奇的情节与能干乐观的人物，而容易忽略主人公能干乐观的物质条件，即有可利用的工具、有人类智慧的积累、有《圣经》的激励等，这些都是人类发展的产物，或物化为产品，如各类工具；或成为规律和知识，世世代代传递下来。学生只有通过深入、全面的思考，才能既关注人的主观力量，也关注客观存在，即人类文明发展成果的支撑。

（三）学情分析

通读全书后，学生只关注自己感兴趣的情节，缺乏全面把握；认识也只停留在浅层,缺少深层次的追问与探究。对《鲁滨逊漂流记》的主要印象为矢志远航及荒岛生存的精彩情节与乐观积极、永不放弃的人物形象。一部分学生关注到鲁滨逊懂得观察自然规律，做了圈养山羊，种植大麦、水稻等具有可持续性发展意义的实践，还有一部分学生能够认识到鲁滨逊拥有很多生活常识，比野人懂得多。

基于以上学情分析，本节课引导学生深入探究小说主题，认识到鲁滨逊能够将荒岛打造成“乐岛”，不仅是由于他拥有乐观能干的个人品质，也是因为有人类文明发展成果的支撑。

二、教学背景

在本节课之前，学生完成了《鲁滨逊漂流记》的通读，对小说情节较为熟悉。通过交流探讨鲁滨逊的人物形象，学生认为这是一个矢志远航、有探索精神、乐观、理智、懂得很多知识、拥有不同能力的传奇人物。为了直观展示“乐岛”的乐趣，教师在课前布置任务，要求学生以小组为单位绘制了“乐岛”上的乐趣一览设计图，帮助学生回顾情节，为他们深入思考“乐岛”的形成原因做铺垫。

三、教学目标

1. 再次通读全书，梳理、归纳鲁滨逊在“乐岛”上之“乐”。

2. 细读文本，探究“乐岛”成因，深化对小说主题的理解。

四、教学过程

1. 导入。

有人将鲁滨逊的故事简单概括为“一个人，一座荒岛，28 年的生存”。鲁滨逊的故事之所以成为传奇，不仅在于他能够平安返回家乡，更在于他将荒岛打造成了“乐岛”。

2. 任务：展示乐岛之乐。

课前布置任务，从“物质”“精神”两方面梳理、归纳乐岛之“乐”。请两组学生展示任务成果。内容要求、展示要求及评分要求如下表。

内容要求	展示要求
1.结合通读任务，以小组为单位，从“物质”或“精神”方面展示“乐岛”的乐趣。 2.展示内容全面，结合文本，内容贯串鲁滨逊的荒岛生活。	1.每组派一名同学展示成果。 2.发言时间控制在3分钟之内。 3.讲解者姿态大方，声音洪亮。 4.参考句式：我们组梳理了鲁滨逊荒岛生活______方面的表现，______方面主要分为______、______、______等几类。第一，在______小类，主要表现为______。第二…… （可以填写词语或短句，有文本依据，切忌假大空）

续表

评分表					
展示组	评分指标	分值	得分	评语	疑惑或补充
	内容全面，有文本依据，有页码标注	5			
	设计图清晰美观，字迹工整规范，没有错别字	5			
	讲解条理清楚，表达准确	5			
	姿态自然大方，精神饱满，有感染力	5			
	在规定的时间内完成讲解	5			
	总分	25			
评分者：					

活动小结：①两组学生分别从物质和精神两方面展示“乐岛”的乐趣。全班学生和教师从信息全面、图文并茂、色彩鲜明、表达清晰等方面予以评价或补充。②初步探讨鲁滨逊将荒岛打造成“乐岛”的原因。

3. 任务：探究乐岛成因。

（1）选出最具价值的物品。

从最开始的“绝望岛”到“乐岛”，鲁滨逊为什么能够实现对荒岛的改造？除学生所说的鲁滨逊个人品质的原因外，是否有其他原因？我们将通过两个活动进行探究。以小组为单位，结合《物资清单》，选出对鲁滨逊“乐岛”生活最有价值的物品，结合文本说明理由。内容要求、活动规则、展示要求如下表。

<table>
<tr><th colspan="2">内容要求</th></tr>
<tr><td colspan="2">1.结合《物资清单》，小组协商，选取组内认为对鲁滨逊“乐岛”生活最有价值的物品。
2.细读文本，并圈画相关语句，证明该物品极具价值。
3.设想如果没有该物品，会影响“乐岛”生活中“物质”或“精神”哪一方面的乐趣。</td></tr>
<tr><th>活动规则</th><th>展示要求</th></tr>
<tr><td>1.小组交流、讨论时间为5分钟。
2.小组交流后，用粗笔将最具价值物品名称写在蓝纸上，字迹工整，字号尽量大。
3.讨论结果用磁扣贴于黑板左侧。
4.选出一名代表分享讨论结果。</td><td>1. 讲解者体态大方，声音洪亮，以文本为依据。
2.倾听者在书上认真标注。
3.参考句式：我们组认为________是鲁滨逊荒岛生活必不可少的。这件物品的用途如下（1）_____；（2）_____；等等（请结合相关页码中的文本内容）。
如果没有这件物品，鲁滨逊将会_____。</td></tr>
</table>

活动小结：引导学生发现“乐岛”的成因，除鲁滨逊个人品质外，“船”及“船上物品”等客观因素也很重要。

（2）绘制生活水平折线图。

“船上物品”对鲁滨逊的“乐岛”生活很重要，假设“没有这艘船及船上物品”，鲁滨逊的岛上生活会变成什么样？与野人的生活水平相比呢？小组商讨后，用不同颜色的笔在数轴上绘制出以下情况中鲁滨逊、“星期五”的荒岛生活水平折线，并说明理由。内容要求、活动规则、展示要求见下表。

<table>
<tr><th colspan="2">内容要求</th></tr>
<tr><td colspan="2">1.绘制出“在有船上物品前提下，鲁滨逊的生活水平”折线，标注为①（依据文本）。
2.绘制出“在无船上物品前提下，鲁滨逊的生活水平”折线，标注为②（可依据文本，合理推测）。
3.绘制出“在遇见鲁滨逊之前，‘星期五’的生活水平”折线，标注为③（可依据文本，合理推测）。
4.绘制出“在遇见鲁滨逊之后，‘星期五’的生活水平”折线，标注为④（依据文本）。
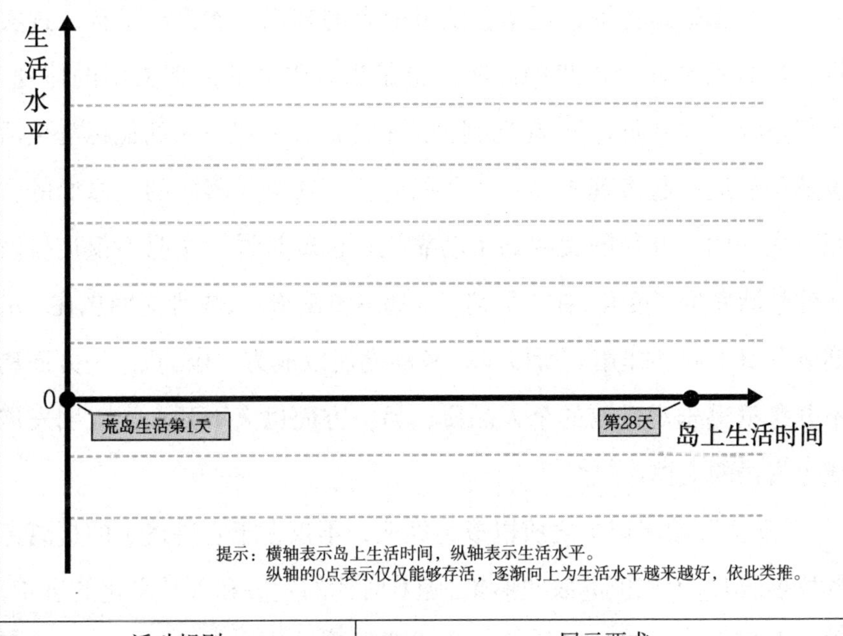
</td></tr>
<tr><th>活动规则</th><th>展示要求</th></tr>
<tr><td>1.小组交流，讨论5分钟。
2.小组合作，在一张大纸上完成该图。
3.每组选出一名代表分享讨论结果。</td><td>1.发言时间控制在2分钟之内。
2.讲解者姿态大方，声音洪亮，以文本为依据。
3.倾听者认真倾听、思考，在发言者说完后提出疑问。</td></tr>
</table>

活动小结：从不同小组折线图的共性入手，与学生一起探究几组折线图共同反映出来的差异：“有船条件下”和“无船条件下”鲁滨逊的生活水平差异，“遇到鲁滨逊前后，‘星期五’的生活水平差

异”，“没有船的鲁滨逊与‘星期五’的生活水平差异”。

4. 课堂小结。

从学生所绘折线图的共性得知：倘若没有那艘船，与目前的“乐岛”生活相比，鲁滨逊的起始生活水平会降低，因为他缺乏工具、《圣经》、火枪等先进社会的物质文明产物。但是，即便没有了这些物质，鲁滨逊凭借自己掌握的知识、技能与进取精神，仍然会逐步提升生活水平。无论是物资，还是鲁滨逊拥有的知识、能力与精神，这实际上都是人类社会进步的产物，也是当时先进的人类文明的体现。尤其是野人“星期五”，在遇到鲁滨逊之后，一成不变的低标准生活也随鲁滨逊一起表现出逐步改善的趋势，这就是落后的、原始的文明对先进的、开化的文明的主动靠拢。也就是说，文明不仅让鲁滨逊的生活发生了变化，在“星期五”遇见鲁滨逊后，先进文明也在“星期五”身上起了作用。所以说，荒岛之所以成为“乐岛”，一方面离不开鲁滨逊乐观进取的个人品质，另一方面也离不开人类文明发展成果提供的支撑。

《鲁滨逊漂流记》之所以成为经典，不仅在于它讲述了曲折离奇的故事、塑造了积极进取的形象。随着时代的发展和人类文化的进步，它也有了多元解读的可能性。这节课，我们就从中看到了人类文明的发展。

5. 作业。（任选其一）

（1）绘制明信片。

要求：①正面绘制故事情节图画，并摘抄经典语录。②背面抒写阅读感受。③每人做一张，同组成员内容不得重复。

示例：

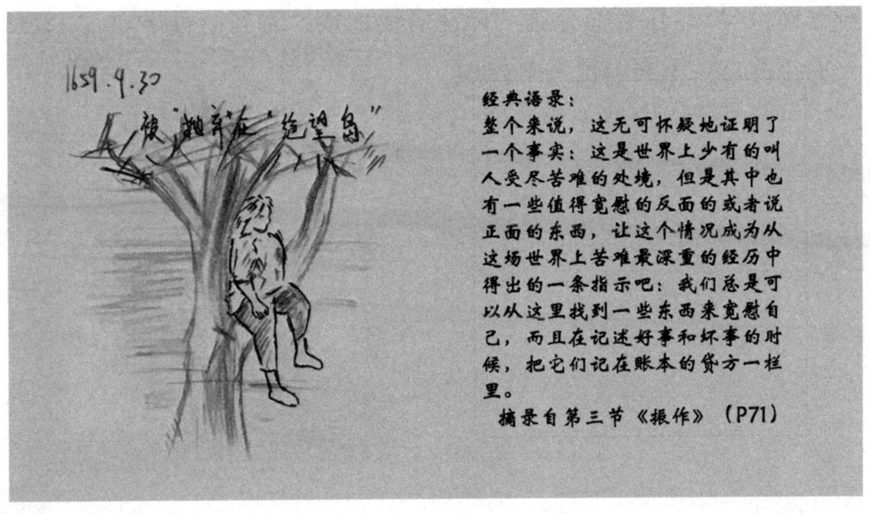

（2）为一本书设计腰封。

要求：①腰封内容包含推荐语、内容梗概、作者简介。如《论语译注》一书的推荐语为“当代最好的《论语》入门读本之一”，内容梗概为“准确流畅的译文、深入浅出的注释。畅销半个世纪，影响远播世界”，作者简介为“译注者杨伯峻，著名语言学家”。②腰封形式可自行去图书馆参考样例。

后　记

本书内容是我对2016—2018年教师培训工作的总结。感谢北京教育学院2016—2018年“协同创新学校计划”提供的平台。“整本书阅读学程开发与实施”教师培训项目隶属于“协同创新学校计划”，“协同创新学校计划”把培训课堂建到学校，让教师真正参与研修，促进学生、教师、学校和培训者的共同发展，促进北京基础教育优质均衡发展。

感谢北京教育学院吴欣歆教授及诸位同事给予的支持，“整本书阅读学程开发与实施”是团队共同完成的教师培训项目。感谢项目学校北京市中央商务区实验学校、北京教育学院朝阳分院附属学校语文组全体教师付诸实践。

特别感谢叶圣陶先生在“整本书阅读”领域的开创性研究带来的启发。感谢美国哥伦比亚大学师范学院阅读与写作项目（TCRWP）负责人露西·麦考密克·卡尔金斯教授《阅读教学的艺术》（*The Art of Teaching Reading*）一书提供的美国实践经验。

交稿时间迫在眉睫。限于水平、涉猎资料的偏狭与其他客观条件的制约，书稿仍留下不少遗憾。恳请各位专家、学者和广大读者批评匡正。

许　艳

2019年4月于北京教育学院

后记